シリーズ〈本と日本史〉①

# 『日本書紀』の呪縛

吉田一彦
Yoshida Kazuhiko

a pilot of wisdom

# まえがき

『日本書紀』は、今からはるかに遠い過去の養老四年（七二〇）に完成した書物である。そうした昔の本は、現代の私たちとはほとんど関係しないのが普通である。だが、この書物は少し違う。『日本書紀』は、二十一世紀を迎えた今も、私たちの中に一定の位置を占めて生き続けている。遠い過去の書物でありながら、過去の遺物にはなっておらず、今もなお意味を持つ書物、それが『日本書紀』だと私は思う。

『日本書紀』は天皇の命令によって編纂《へんさん》された国家の歴史書である。『日本書紀』が編纂された七世紀末～八世紀初めは、日本で天皇制度が開始された時代で、この書物は天皇制度の成立と歩調を合わせるようにして作成された。それは、天皇の歴史を記す書物であり、それによって日本の天皇の政治思想を明らかにしようとする書物であった。

『日本書紀』は、その後、奈良平安時代の人々の歴史意識の根幹を規定し、武家政権の時代になっても一定の影響力を保持していた。近代になると、明治の新政府は、天皇の政治への復活、ナショナリズムの発揚などにあたって『日本書紀』を重視し、学校教育を通じてその記述内容を教えた。国のはじまり以来の、いわゆる〈古代史〉については『日本書紀』の中身を国民に「歴史」として教えた。戦後、日本の歴史教育は変わり、『日本書紀』に依拠する部分は戦前に比べると減少したが、それでも同書に依拠する記述は歴史教育の中に残り、今も一定の位置を保っている。

本シリーズ「本と日本史」は、本のあり方から一つの時代の文化や社会の姿を考え、その時代のものの考え方や世界観・価値観、さらには知の枠組がどのようなものであったのかを考えてみようという企画である。日本における知の構造の変遷を書物の歴史からたどるシリーズになるだろう。私は、この企画のお誘いを受けた時、奈良平安時代の本について何かを書くのであるなら、『日本書紀』を中心軸に据えて一冊にまとめてみたいと考えた。この書物を抜きにして日本の書物の歴史や文化は論じられないと考えたからである。

『日本書紀』は歴史書であるが、その記述は客観的、中立的なものではなく、はなはだ政治的なものであり、歴史的事実とは異なる創作記事が多々記されている。だが、この書物は、天皇が定めた国家の歴史書として大きな影響力を持った。そのため、『日本書紀』完成以後は、同書を継承しようとする書物が記される一方、同書の記述に反駁《はんぱく》しよう、あるいは無化することによって対抗しようと試みるような書物が現われ、いくつもの書物が『日本書紀』を取り巻くようにして作成されていった。それは書物と書物との戦いであり、それが現実の政治的権力や経済的権益と連関している場合があった。そうした書物と書物の抗争や政治的対決の世界の中で、『日本書紀』は常に書物群の中央に君臨していた。

本書では、『日本書紀』とはいかなる書物なのか、同時代にどのような力を持ったのかについて、関連する書物を掲げながら考察していく。この作業を本書の横軸とすることにしたい。それが本書の中心になろう。ただ、それだけではなく、あわせて『日本書紀』が成立してから今日にいたるまでの影響力についても言及しようと思う。これを本書の縦軸としたい。『日本書紀』は天皇制度の成立とともに誕生し、天皇制度の展開に合わせるようにして人々に読まれてきた。『日本書紀』が今も生命を保っているのは、今日まで天皇制度が継続していることによるのだろう。

『日本書紀』をめぐっては、歴史学、国文学、国語学、美術史学、建築史学、仏教学、宗教学、神道学、神話学、民俗学、天文学、暦学などの諸分野から多くの研究が蓄積されてきた。本書では、それらの成果に学びながら、私なりの研究を加えてこの書物について考えていきたい。

目次

図版作成／クリエイティブメッセンジャー

# 第一章　権威としての『日本書紀』

## 『日本書紀』の記述の浸透

みなさんは『日本書紀』にどのようなイメージを持っているだろうか。名前は聞いたことがあり、学校で習ったことがあるが、手には取ったことがない。日本の〈古代史〉や〈神話〉が書かれた書物であることは知っているが、読んだことはない、といった方が多いのではなかろうか。『日本書紀』は漢文で書かれた書物で、今は読みやすい校注本や現代語訳が刊行されているから手軽に手に取ることができるが、それでも読み通すのは大変だろうし、容易に人を近づけない威厳がある。

けれども、『日本書紀』を読んだことがないという方でも、その中身については、多くの方がある程度のことを知っているはずである。学校教育の歴史や日本史の授業で『日本書紀』に書かれていることを習うからである。子ども用の絵本や漫画、テレビや演劇などで『日本書紀』の中身がわかりやすく描かれることも少なくない。

たとえば、聖徳太子が「憲法十七条」を作成したとか、中大兄皇子《なかのおおえのおうじ》と中臣鎌足《なかとみのかまたり》が「大化改新」を行なったというのは、日本人の誰もが知っている「国民的歴史常識」に属することだと思うが、その話の大もとは『日本書紀』の記述にある。また、イザナギとイザナミの話、天照大神《あまてらすおおみかみ》（アマテラス）と素戔嗚尊《すさのおのみこと》（スサノヲ）の話、天孫降臨《てんそんこうりん》（皇孫降臨）の話などの日本の神話も、やはり『日本書紀』に大もとの記述がある。

しかし、『日本書紀』を読んだことがないというのに、その中身を一部とはいえ知っているというのは、考えてみれば不思議なことではないだろうか。なぜ私たちは読んだこともない書物の中身を知っているのだろうか。それについては本書全体で論じることになるのでこの先を是非読み進めていただきたいが、今、最初に簡単に述べておけば、それは歴史というものが長い時間をかけて語り継がれ、書き継がれ、重層的な語り伝えの中で有名な出来事や人物が広く知られていくようになるからである。そうした語り伝えの際に要になる書物がいくつかある。『日本書紀』はその一つ、しかも歴史の冒頭を語る筆頭の書物として最重要視されてきた。

『日本書紀』は七世紀末～八世紀初めに国家によって編纂された書物であり、日本で天皇制度が開始された時代にその歴史と思想を書き記した書物である。それは、完成すると権威ある書物として時代を通じてその中身がくりかえし語られ、現代に生きる私たちも、読んだことがないのにその内容についてある程度のことを知っている。

## 歴史の「正典」

もとの話が『日本書紀』に書かれているということはどういうことか。「昔、こんなことがありました」という話——たとえば、昔、これこれの出来事があって世の中が大きく変わりましたとか、今に続くこれこれの行事の起源は実はこれこれにありますというような話は、何か根拠に基づかないと語ることができない。その根拠にあたる書物、つまり大もとになる書物が『日本書紀』なのである。「この出来事については『日本書紀』に○○と書いてありますよ」とか、「この行事の起源は『日本書紀』に○○と書いてありますよ」というように。『日本書紀』は、「歴史」の大もとの根拠になる書物としての役割を果たしてきた。

そうした意味あいからすると、『日本書紀』は、キリスト教の言葉を借りれば、「正典（カノン）」にあたる書物として君臨してきた。『日本書紀』は、日本の歴史や文化、宗教や思想、あるいは国のあり方を考えようとする時、いつも引き合いに出され、それらの根源にあたる話が書かれた書物として重んじられてきた。そうした問題について語る時、日本人は種々の議論の末に、結局は『日本書紀』に帰って考察をしてきた。そこには日本の原形が示されているとされ、私たちは大もとの姿が記された正典としてこの書物を尊重してきた。

## 『日本書紀』を学ぶ平安貴族

平安時代、貴族たちはしばしば『日本書紀』を講読する勉強会を行なった。この講読会は、「日本紀講」あるいは『日本書紀』（『日本紀』）の「講書」などと呼ばれるが、そこでは、『日本書紀』に詳しい学者が「博士」となって講師を務め、多くの貴族たちが参集して同書の記述、特にその訓《よ》み方について学んだ。それに関係するノートで、今日に伝わっているものがある。それらは『日本紀私記《にほんぎしき》』と呼ばれ、当時の講書の様子が知られる面白い史料になっている。

また、『源氏物語』の著者として名高い紫式部は、『紫式部日記』によれば、『日本書紀』（『日本紀』）をよく読んでいたといい、一条天皇からその才覚を誉められた時、これを嫉妬した内侍から「日本紀の御局《みつぼね》」というあだ名をつけられて揶揄《やゆ》されたという。平安時代、天皇や貴族たちにとって、『日本書紀』は学ぶべき重要書物であり、自分たちの地位や権益の源泉が記された書物として重んじられていた。

## 中世・近世における『日本書紀』

中世になると、『日本書紀』などに基づいて、簡略に歴史を記した書物が作られるようになった。『皇代記《こうだいき》』『一代要記《いちだいようき》』などの名で今日に伝わる年代記がそれである。これらは貴族、僧侶などに利用され、これによって『日本書紀』の記した歴史がさらに流通した。

中世には、また新しく歴史が書かれた。慈円《じえん》（一一五五～一二二五）の『愚管抄《ぐかんしょう》』や、北畠《きたばたけ》親房《ちかふさ》（一二九三～一三五四）の『神皇正統記《じんのうしょうとうき》』はその代表としてよく知られている。これらは『簾中抄《れんちゅうしょう》』『皇代記』などによって、あるいは『日本書紀』自身や『古語拾遺《こごしゅうい》』『先代旧事本紀《せんだいくじほんぎ》』などによって、『日本書紀』が記した歴史の枠組に接続し、その影響のもとに自分たちの歴史を考え、あるべき方向性を模索した。

また、神社の神官たちも『日本書紀』を重視した。それはこの書物に記される神話が自分たちが実施している神まつり（神祇祭祀）の歴史的根拠になっているからで、彼らによって『日本書紀』の写本が盛んに書写され、研究が進められていった。今日、『日本書紀』の古写本が神社や社家に多く伝わるのはそのことによる。

そうした動向の中で『日本書紀』の注釈書が作成された。鎌倉時代には卜部兼方《うらべのかねかた》『釈日本紀《しゃくにほんぎ》』（十三世紀末～十四世紀初頭）が、室町時代には一条兼良『日本書紀纂疏《さんそ》』（十五世紀半ば）が書かれ、江戸時代になると、谷川士清《たにかわことすが》『日本書紀通証』（一七六二年）、河村秀根《ひでね》・河村益根《ますね》『書紀集解《しょきしっかい》』（一七八五年）が書かれ、明治に入って敷田年治《しきだとしはる》『日本紀標註』（一八九一年）や飯

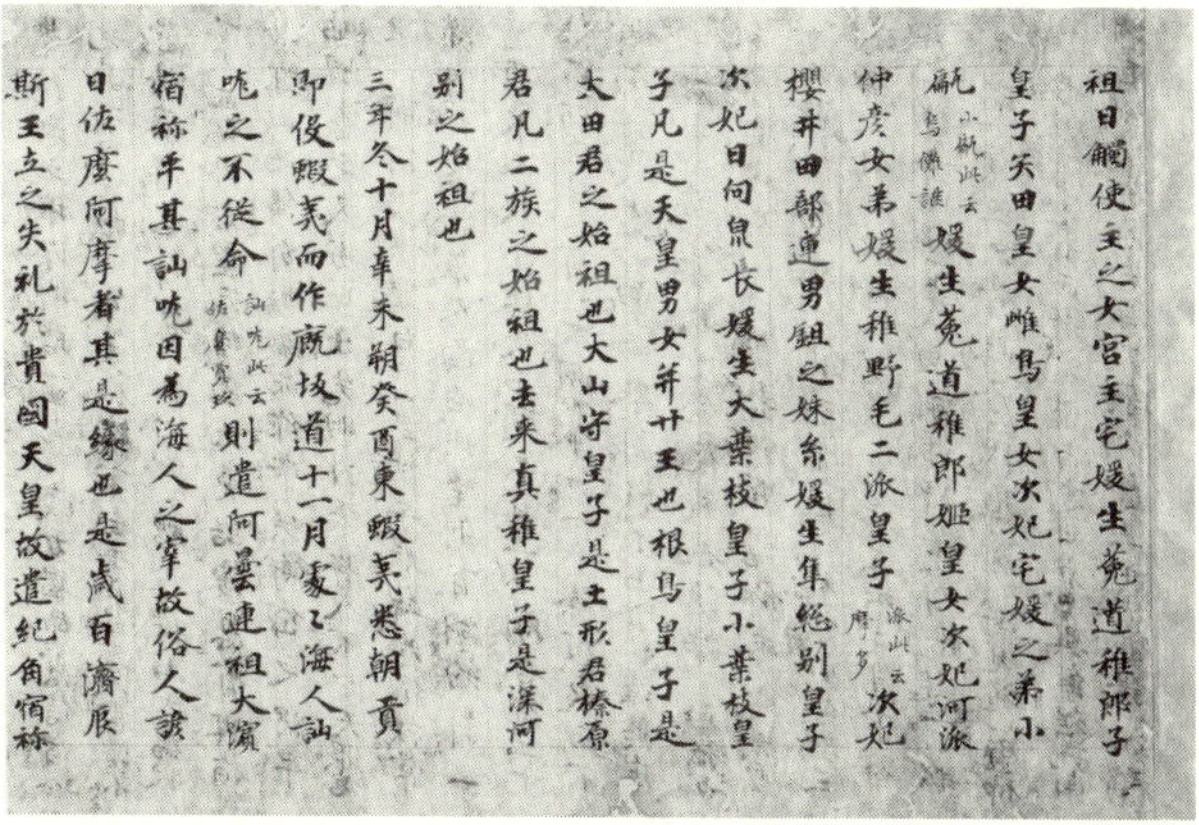
祖日觸使主之女宮主宅媛生菟道稚郎子
皇子矢田皇女雌鳥皇女次妃宅媛之弟小
甂媛生菟道稚郎姫皇女次妃河派
仲彦女弟媛生稚野毛二派皇子次妃
櫻井田部連男鉏之妹糸媛生隼總別皇子
次妃日向泉長媛生大葉枝皇子小葉枝皇
子凡是天皇男女并廿王也根鳥皇子是
大田君之始祖也大山守皇子是土形君榛原
君凡二族之始祖也去來真稚皇子是深河
別之始祖也
三年冬十月辛未朔癸酉東蝦夷悉朝貢
即役蝦夷而作厩坂道十一月處々海人訕
哤之不從命則遣阿曇連祖大濱
宿禰平其訕哤因爲海人之宰故俗人諺
曰佐麼阿摩者其是緣也是歲百濟辰
斯王立之失禮於貴國天皇故遣紀角宿禰

『日本書紀』巻十、奈良国立博物館所蔵、平安時代、国宝　撮影／森村欣司
写真提供／奈良国立博物館

田武郷《たけさと》『日本書紀通釈』（一八九二～九年）が書かれた。これらの注釈書は、今日の『日本書紀』研究の基礎を作った研究書として知られている。

『日本書紀』の出版という点では、慶長四年（一五九九）の慶長勅版本、寛文九年（一六六九）の版本などが刊行されている。江戸時代には、学問や出版の発展、また演劇・文芸などの発展に応じるようにして『日本書紀』の中身が人々に広まっていった。

## 近代の歴史教育と『日本書紀』

近代になると、明治政府の「尊王」「王政復古」の思想や、「国体」をめぐる論議の中で、『日本書紀』はさらに重視されていった。この書物の中身が学校で教えられ、子どもたちはその要点を暗記という形で頭の中に刻んでいった。

明治の前期、歴史教育では歴代天皇の名を教えることが重視され、神武《じんむ》天皇から順に天皇の名が教えられていった（師範学校編輯《へんしゅう》『日本略史』文部省刊行、一八七五年など）。教育学の海後宗臣《かいごときおみ》はそうした歴史を「天皇歴代史」と呼び、その後、史上の重要事項や天皇たちの事跡を教える「紀事本末史」の歴史へと変化していったと指摘している。やがて、子どもたちには人物の活躍を教えるのが適しているとされるようになり、人物中心の歴史教育が進展していった。こうして、学校では『日本書紀』が記す神武天皇、日本武尊《やまとたけるのみこと》、神功《じんぐう》皇后、仁徳《にんとく》天皇、聖徳太子、天智《てんじ》天皇などの活躍を教えるのがその中心になっていった（山縣悌三郎『帝国小史』文学社、一八九三年など）［海後宗臣 一九六九］。

明治三十六年（一九〇三）、教科書の国定制度が開始され、昭和二十二年（一九四七）までそれが続いた。最初の国定教科書には、歴史学者の三上参次《さんじ》（一八六五～一九三九、東京帝国大学教授、のち貴族院議員）や、佐藤誠実《じょうじつ》（一八三九～一九〇八）が関わった。そこでは、歴史は神武天皇からではなく、その前の天照大神から語り始められることになり、その後に、天皇の治世へと移り、『日本書紀』の中身が教えられていった。

天皇を政治の世界の中央に復活させ、また国際社会の荒海に飛び出していった近代日本にとっては、『日本書紀』は他に代えることができない重要書物であり、国家の理念を支える正典として重んじられた。実際に、『日本書紀』『古事記』が「神典」と呼ばれることもあった。

## 戦後の歴史教育と『日本書紀』

戦後、日本の歴史教育は、ＧＨＱ（連合国最高司令官総司令部）の政策によって大きく変わった。『日本書紀』に書かれる神話や神武天皇などの初期の天皇は教えられなくなり、代わって、縄文時代、弥生時代、古墳時代など考古学の研究成果が教えられるようになった。昭和二十四年（一九四九）、相沢忠洋《あいざわただひろ》（一九二六～一九八九）によって群馬県の岩宿遺跡から旧石器時代（先土器時代）の石器が発見されると大きなニュースとなり、まもなく歴史教育で教えられるようになった。

では、『日本書紀』の扱いはどうなったのか。この書物の記述のうち、神話や神武天皇など前の方の三分の二ほどの部分は歴史教育から消されていった。それらは戦前の国家主義イデオロギーを支える思想だとして消されたのである。代わって、岩宿遺跡の先土器時代の文化が、天照大神などの神話の代替項目のようにして教えられるようになった。こうして『日本書紀』のかなりの部分が教科書から消えていったが、しかし後ろの方三分の一ほどは残った。

戦後も、欽明《きんめい》天皇の時代の仏教伝来や、推古《すいこ》天皇の時代の聖徳太子の活躍あたりからあとの時代については『日本書紀』の中身が教えられ、それが今日にいたるまで続いている。GHQと日本政府の間で歴史教育をめぐってどのような議論と交渉がなされたのかは不明の部分が多いが、結果として『日本書紀』は全部は棄てられず、後ろの方の部分が命脈を保つ形で戦後の歴史教育のあり方が決着した。

戦後、日本の「国史学」の教育、研究の中心に立ったのは日本古代史の坂本太郎（一九〇一〜一九八七）であった。彼は、敗戦後、教授たちが退職したり、公職追放されてしまった東京帝国大学（のち東京大学）文学部の国史学科の再建に尽力するとともに、特に専門の〈日本古代史〉の再構築を行なった［坂本太郎 一九八〇］。その〈日本古代史〉は、①聖徳太子の新政から、②大化改新を経て、③律令国家（律令制）の成立を説き、律令の諸制度を中心に古代国家を説明して、以後を④律令国家（律令制）の崩壊過程だとするものであった［坂本太郎 一九六〇］。私は、この学説を「坂本パラダイム」と呼んでいる［吉田一彦 二〇〇六a］。この学説は今日につながる〈日本古代史〉の通説となり、戦後の小中高の歴史教育にそのまま反映されていった。

私たち、戦後に教育を受けた児童、生徒は、先土器時代、縄文時代、弥生時代、古墳時代というように考古学の成果を習い、そこから突然『日本書紀』の途中に話が移って、仏教伝来、氏姓制度、聖徳太子、大化改新、律令の成立などを習ってきた。

坂本は、『日本書紀』の現代語訳をそのまま「日本上代史（日本古代史）」とするような敗戦以前の教育、学問を改め、代わって、『日本書紀』の後ろの方の三分の一ほどを生かしつつ、考古学の成果を吸収し、またそれらと『続日本紀《しよくにほんぎ》』や「律令」を組み合わせて〈日本古代史〉の枠組を再構築した。現代の私たちは、この学説に従って『日本書紀』の中身を習っている。こうして、坂本などによって『日本書紀』は再生、脱構築され、新しい息吹がふき込まれて今日に生き残った。『日本書紀』の神話や神武天皇は私たちからはるかに遠くなっていったが、一方、推古天皇や聖徳太子からあとの記述は、古代史の中核として私たちの内面に生き残っていった。

だが、『日本書紀』が記す聖徳太子や「大化改新」については、すでに戦前に津田左右吉《そうきち》（一八七三〜一九六一）によって、編纂段階で創作された記述があることが指摘されている。戦後、研究はさらに深化し、『日本書紀』の記述が歴史的事実をそのまま伝えるものとは評価できないことが明らかにされてきたが、それについてはのちにまた述べることにしたい。

## 権力と権威のみなもと

『日本書紀』は奈良平安時代以降、今日にいたるまで大きな力を持ったが、その力はどこから来たのだろうか。『日本書紀』は国家編纂の歴史書であり、天皇の命令によって定められた書物であった。この書物が持つ力のみなもとはまずはこの点に求められる。

中国では、歴代王朝の歴史が書かれた。それらはのちの時代の人が後世から過去を振り返って書くものであり、唐代以降は、前の滅亡した王朝の歴史を後代の王朝が書くというのがならわしとなっていった。これに対し、『日本書紀』の場合はそうではなく、現在の王朝が自らの歴史を書くものになっている。そのため、そこには自らの正当性を書くという姿勢が臆することなく表明されており、歴史の勝者、つまり「勝ち組」による歴史があらわに叙述されている。しかも、この王朝はその後も長く継続していったから、権力の継承者である天皇や貴族たちにとって、この書物は自分たちの政治的権力や経済的権益の根源が直接・間接に書き記されたものになっている。

『日本書紀』はひとたび完成すると権威の象徴としてそびえたった。『日本書紀』は完成までに長い年月がかかっているが、それは執筆に関わった者たちが、ここに何をどう書くかが将来にわたって重大なことになると承知していたからであろう。そして、何をどう書くかについてなかなか意見がまとまらずに時間がかかってしまったものと思われる。執筆者たちはそれぞれの集団の権益を背負っていた。特に、巻一、巻二の神話の記述をめぐっては異論が多く、本文を確定する作業は難航したようで、異論も数多く併記されることになった。そして、ようやく完成すると、はたせるかな、『日本書紀』は長期にわたって大きな力を持つことになった。

『日本書紀』は、のちに述べるように、〈過去の支配〉を目的とした書物であった。この書物が成立すると、それ以前に語られていたさまざまな歴史の言説は消されてしまい、これだけが唯一の歴史として存在することになった。また、これが成立してから数十年、百年と時間がたっていくと、勝ち組の内部で権益をめぐる紛争が起こり、『日本書紀』とは異なる歴史を主張する書物が作成された。しかし、『日本書紀』はそれらとの戦いに敗北することなく、書物の世界の中央に君臨し続けた。『日本書紀』は歴史の勝者によって書かれた書物であり、また「歴史書」対「歴史書」の抗争の中で勝利をおさめた書物であった。

## 『日本書紀』の呪縛

歴史とは何だろうか。歴史とは、客観的・公平に過去の事実を叙述したものだというイメージを持つ方が少なからずおられるかもしれない。しかし、歴史は必ずしもそのようには書かれてこなかった。『日本書紀』は勝者が自己の正当性を唱えて定めた書物であって、公平とか客観的という地平からはほど遠い。むしろ、この書物を作成することによって自らの支配を確立、強化しようという意図を持っていた。また、歴史の書き方という側面から見ても、話の記述が説話的なものになっており、自らの正当性を〈歴史物語〉〈史話〉とでも呼ぶべき文学的な歴史によって示すという性格が見られる。そこには、歴史的事実とはみなすことができない創作が多々見られる。

近代歴史学はそれらを学問的に解析し、一つ一つの記述について、事実を伝えるのか否かを判別しようとする研究を進めてきた。そして、神話や初期の天皇が創作であることを明らかにするとともに、時代の新しい六、七世紀に関する記述にも歴史的事実とはみなせないものが多くあることを解明してきた。また、全体のストーリー構成の意図をどう読解するかについても考察を深めてきた。

『日本書紀』は長期にわたって大きな力を持ち、私たちはこの書物を長く〈規範〉として仰ぎ見てきたが、それは同時にこの書物に呪縛されることでもあった。私たちはこの書物に縛られ、これから自由に発想することがむずかしかった。しかし、二十一世紀を迎えた今日、私たちはそろそろ『日本書紀』を突き放してみて、この書物が規定する枠組から自由になってもよいのではないか。

本書では『日本書紀』を採り上げ、この書物を作り上げた知の構造と、この書物を中心に複数の書物によって織り成されていった歴史について考察していくこととしたい。それにより、この書物に書かれていることをそのまま真実だとする考え方を克服し、『日本書紀』を相対化して、自由に歴史や文化を考える視座を得たいと考える。

# 第二章　『日本書紀』の語る神話と歴史

## 神代の記述

本章では、『日本書紀』の内容の概略を簡単に紹介し、その後にこの書物の特色を考えていきたい。

『日本書紀』は全三十巻。漢文体で書かれた書物である。最初の巻一、巻二は「神代《かみよ》」の巻で、神々の物語（神話）が記されている。話は天地開闢《かいびやく》からはじまる。最初、天地は未分化の状態であったが、やがて天と地が成り、その中に最初の神である国常立尊《くにのとこたちのみこと》が生まれる。そして、伊奘諾尊《いざなぎのみこと》、伊奘冉尊《いざなみのみこと》が生まれ、二神は夫婦となって国土を生み、大八洲国《おおやしまのくに》（八つの大きな島）と山川草木が誕生する。また、大日孁貴《おおひるめのむち》（天照大神）、月神《つきのかみ》、蛭児《ひるこ》、素戔嗚尊の神々を生む。

天照大神（以下ではアマテラスと略称する）は天上の「高天原《たかまがはら》」の主神となり、おとずれた素戔嗚尊（以下ではスサノヲと略称する）とウケヒ（誓約の神判）をする。ウケヒののちスサノヲは高天原で乱暴行為を行ない、怒ったアマテラスは天岩窟《あまのいわや》にこもり、世界はくらやみになってしまう。だが、中臣氏の祖先の神の天児屋命《あめのこやねのみこと》、忌部《いむべ》氏の祖先の神の太玉命《ふとたまのみこと》、猿女《さるめ》氏の祖先の神の天鈿女命《あめのうずめのみこと》などの活躍によりアマテラスを天岩窟から引き出すことに成功する。スサノヲは追放されるが、その後出雲国へ行き、頭と尾が八岐《やまた》になった大蛇《おろち》を退治する。

やがて、アマテラスと高皇産霊尊《たかみむすびのみこと》との孫（これを「皇孫」あるいは「天孫」という）である天《あま》津彦彦火瓊瓊杵尊《つひこひこほのににぎのみこと》（以下ではニニギと略称する）が高天原から葦原中国《あしはらなかつくに》（地上世界のこと）に降《くだ》り、そこの主になる。著名な「天孫降臨（皇孫降臨）」の神話である。

ニニギの子の兄の火闌降命《ほのすそりのみこと》は海幸を得る力を持ち、弟の彦火火出見尊《ひこほほでみのみこと》（以下ではヒコホホデミと略称する）は山幸を得る力を持っているが、二人はためしに釣鉤《ち》（釣針）と弓箭《ゆみや》を交換する。その後、釣鉤を失ったヒコホホデミは海神の宮に行って釣鉤を得、海神の女《むすめ》の豊玉姫《とよたまひめ》と結婚し、彦波瀲武鸕鷀草葺不合尊《ひこなぎさたけうがやふきあえずのみこと》が誕生する。そして、その子が最初の天皇である神日本磐余彦《かむやまといわれびこ》天皇すなわち神武天皇になっていくというように話が展開していく。この一連の神話は、天の最高神であるアマテラスの子孫が天皇になったという話になっている。

## 代々の天皇の記述

巻三～巻三十は、神武天皇から持統《じとう》天皇にいたる代々の天皇の即位のこととその系譜、そして各天皇の事績が記され、天皇自身の性格や文化的特色などにも言及がなされ、四十代におよぶ天皇の歴史が叙述されている。その叙述形式は編年体で、年月の進展に従って記述が進んでいく。

最初の天皇は神武天皇。彼は皇太子になると、ニニギが天祖として降臨してから百七十九万二千四百七十余年になるが、東によい地があり、天下を治めるのにふさわしい地であると宣言して、軍（皇軍）をひきいて東を征《せ》めた。こうして、九州から〈東征〉に出発し、さからう者たちをうち破り、ついに辛酉《しんゆう》の年の正月一日に奈良の橿原宮《かしはらのみや》にて帝位に即《つ》いたという。

続けて、綏靖《すいぜい》天皇〜開化《かいか》天皇の八代の天皇について記す。ただ、この八人については即位と系譜についての記述が大部分で、事績についてはほとんど記すところがない。この八代は「欠史八代」と呼ばれている。次いで、崇神《すじん》天皇や垂仁《すいにん》天皇の統治の話、景行《けいこう》天皇の時代の日本武尊による諸国征討の話、景行〜仁徳の各天皇に三百年近くにわたって大臣として仕えたという武内宿禰《たけしうちのすくね》の話、仲哀《ちゅうあい》天皇の皇后で、天皇の死後に統治を行なった神功皇后による新羅《しらぎ》征討の話、応神《おうじん》天皇や仁徳天皇の統治の話、さらに雄略《ゆうりゃく》天皇の統治の話などが時代をおって語られる。そして、武烈《ぶれつ》天皇のあと、後継ぎがいないので越前国から応神天皇の五世の孫だという継体《けいたい》天皇が畿内に入って即位したという話となる。

その後、欽明天皇の統治と仏教伝来の話、敏達《びだつ》天皇が廃仏を行なうと仏罰により瘡《そう》になって死去してしまったという話、蘇我馬子《そがのうまこ》の権力および推古天皇の即位と聖徳太子の活躍の話、舒明《じょめい》天皇の即位と統治の話が続く。そして、中大兄皇子と中臣鎌足を中心に乙巳《いっし》の変が行なわれ、蘇我蝦夷《えみし》・入鹿《いるか》が討滅され、孝徳天皇が即位し、大化改新が実施されたという話が続く。さらに斉明《さいめい》天皇、天智天皇の統治の話が続き、彼の死後、壬申《じんしん》の乱となった様子が詳細に記されている。そして、戦いに勝利した天武《てんむ》天皇の統治の話、さらに全三十巻の最後となる持統天皇の時代の話へといたる。記述は、持統天皇十一年（六九七）、持統天皇が皇太子（文武《もんむ》天皇となる）に天皇の位を譲るところで終了する。

## 『日本紀』の誕生

『日本書紀』は養老四年（七二〇）に完成した書物である。『日本書紀』の完成、奏上について、『続日本紀』の養老四年五月癸酉《きゆう》〈二十一日〉条は次のように記している（原漢文を書き下し文にした。書き下し文は［青木和夫他　一九八九～九八］に基づき、私見を加えた。以下同じ）。

是《これ》より先、一品舎人《いっぽんとねり》親王、勅を奉《うけたまわ》りて日本紀を修《おさ》めり。是《ここ》に至りて功《こう》成りて奏《そう》し上《たてまつ》れり。紀卅巻、系図一巻。

この記事から、この書物は当初は『日本紀』と呼ばれたことが知られる［池田昌弘 二〇〇七］。そして、舎人親王が勅（天皇の命令）をうけたまわって撰修《せんしゅう》し、天皇に奏したてまつったという。舎人親王（六七六～七三五）は、天武天皇の子で、八世紀前期の政治の世界で重要な役割を果たした皇族（皇親）の有力政治家である。奏上された『日本書紀』は、「紀」三十巻と「系図」一巻からなっていた。

今日に伝わる『日本書紀』は全三十巻で、それがこの記事の「紀」三十巻にあたると考えられる。もう一つの「系図」一巻は今日に伝わらず、散逸してしまった。また、この書物には序がなく、撰者の名も記されていない。

なお、『続日本紀』については詳しくは後述するが、『日本書紀』に続く国家作成の歴史書で、「六国史《りっこくし》」の二番目に数えられるものである。全四十巻で、文武天皇元年（六九七）から桓武《かんむ》天皇の延暦十年（七九一）までの歴史を記した編年体の歴史書。菅野真道《すがののまみち》、秋篠安人《あきしののやすひと》らの編で、延暦十六年（七九七）の成立である。その内容は原資料に基づく記述が多く、唐の「実録」の作風を採り入れた歴史書だと評価されている［池田温 一九八五］。『続日本紀』の記載内容は信憑《しんぴょう》性が高く、この養老四年五月条の『日本紀』撰修についての記事も歴史的事実を伝えるものと評価するのが一般的で、私もその理解に賛成である。

## 『日本書紀』の編纂開始

『日本書紀』の編纂の開始を記したものと理解されているのは、『日本書紀』の天武十年（六八一）三月丙戌《へいじゅつ》〈十七日〉条で、そこには次のようにある（書き下し文は［小島憲之他 一九九四］に基づき、私見を加えた。以下同じ）。

天皇、大極殿に御して、川島皇子、忍壁皇子《おさかべのみこ》、広瀬王、竹田王、桑田王、三野王、大錦《だいきん》下《げ》上毛野君《かみつけののきみ》三千《みちぢ》、小錦中《しょうきんちゅう》忌部連《いむべのむらじ》首《こびと》、小錦下《しょうきんげ》安曇連《あずみのむらじ》稲敷《いなしき》、難波連《なにわのむらじ》大形《おおかた》、大山上《だいせんじょう》中臣《なかとみの》連《むらじ》大島《おおしま》、大山下《だいせんげ》平群臣《へぐりのおみ》子首《こびと》に詔《みことのり》して、帝紀と上古諸事を記定《しるしさだ》めしめむ。大島・子首、親《みずか》ら筆を執《と》りて録《しる》せり。

この日、天皇が、川島皇子、忍壁皇子、広瀬王、竹田王、桑田王、三野王、上毛野君三千、忌部連首、安曇連稲敷、難波連大形、中臣連大島、平群臣子首に詔して、「帝紀」および「上古諸事」を「記定」させ、大島と子首が筆を執って録したという記事である。

これは天皇の命令で歴史の編纂が開始されたという記事で、その歴史のことを「帝紀」「上古諸事」と表現しているが、この言葉は奈良平安時代の歴史書を考える上で要の語となるものである。また、ここには「記定」とあって、歴史を撰修することが天皇の命令によって「記し定める」行為だと観念されていたことが知られる。さらに、中臣大島、平群子首をはじめ、上毛野氏、忌部氏、安曇氏、難波氏が執筆、編纂に関与していたことが知られる。

『続日本紀』和銅七年（七一四）二月戊戌《ぼじゅつ》〈十日〉条には、また、従六位上の紀清人《きのきよひと》、正八位下の三宅藤麻呂《みやけのふじまろ》に詔して国史を撰せしめたという記事がある。ここから、この年になってこの二人が『日本書紀』の編纂者に加わったことが知られる。これは、編纂作業の終盤になってからの編纂者の追加、てこ入れであった。『日本書紀』編纂ではこの二人以外にも山田御方《みかた》など編纂、執筆に加わったものが複数名存在することが推定されており、この書物が複雑な過程を経て、複数の人物たちによって書かれたものであることが知られる〔山田英雄 一九七九〕。

『日本書紀』は四十年間の時間をかけて編纂、完成した書物であった。編纂にあたっては、根本のストーリーをどう描くか、各氏族の祖先や祖神の活躍をどう盛り込むかなどをめぐって、内容を詰める作業が容易ではなく、時間がかかってしまったものと推測される。『続日本紀』は『日本紀』を舎人親王の撰修だと記しているが、それは作成の最終段階で責任者として完成版を完了させて天皇に奏上したのが彼だったということになるだろう。

## 君主の血筋の一系継続を主張

『日本書紀』が記す歴史にはいくつかの注目すべき特色が見られる。最大の特色は、神武天皇から持統天皇まで歴代天皇の血筋がつながっていて、持統天皇が神武天皇の血筋上の子孫とされていることである。神武天皇はアマテラスの子孫であるから、持統天皇はアマテラスの子孫、つまり天の最高神の子孫だと記されている。もう一つは、それと同じことになるのであるが、『日本書紀』では、天皇の位に即いたのは天皇家のみであって、他の家で君主になったものはいないと記されていることである。日本には王朝交替はなく、国のはじまり以来、一貫して天皇家のみが君主をつとめてきたと説く。この君主の血筋の継続を「万世一系《ばんせいいっけい》」と呼んでいる。

日本の君主の血筋が一系で続いてきたことは早くから注目され、江戸時代になると国学者たちによって重視された。近代になると、岩倉具視《いわくらともみ》（一八二五～一八八三）が「万世一系」という語を用いたことが知られており、慶応三年（一八六七）の国事意見書の「王政復古議」や、明治七年（一八七四）の意見書にこの言葉が用いられ、明治国家自身も明治四年（一八七一）や五年（一八七二）の外交文書でこの言葉を用いているという［島善高 二〇〇九］。岩倉は、国初以来明治にいたるまで皇統が長く連続してきたことを指して「万世一系」と呼んだが、その最初期部については『日本書紀』に記される皇統の連続がイメージされた。

やがて、明治二十二年（一八八九）に大日本帝国憲法が公布された。よく知られているように、その第一条には「大日本帝國ハ萬世一系ノ天皇之ヲ統治ス」とあって、「万世一系」の語が用いられている。「万世一系」の概念が明治国家の政治理念として打ち出され、憲法の冒頭の条に明文規定として定められたのである。

### 歴史学者の論

こうした状況のもと、明治〜昭和時代の歴史学者（国史学者）の中には、国史の特性として、「国史の連綿性」（continuity）を指摘、重視するものが現われた。内田銀蔵（一八七二〜一九一九、京都帝国大学教授）や坂本太郎らの議論である。内田は、日本の歴史の特性はいろいろなものが長く続いているところにあり、特に王家の血筋がずっと続いてきた「万世一系」が国史の最大の特性であると説いた。内田は、日本には「皇統の連綿性」をはじめとして、民族の継続や精神的な文化の継続があって、こうした連綿性が国史の特性であり、また「日本の国体」であると論じた［内田銀蔵 一九二一］。

坂本は内田の論を高く評価し、日本歴史の特性は、第一に連綿性、第二に躍進性、第三に中和性にあると説いた。中でも皇統の連綿性すなわち「万世一系」は、日本歴史の第一の特性であると論じた［坂本太郎　一九八六］。

## 一系継続は事実なのか

『日本書紀』が記す君主の血筋の一系継続（万世一系）をめぐっては、それが本当に歴史的事実を伝えることなのかどうかについて議論がある。戦後の歴史学では、自由になった研究風土のもと、一系継続は歴史的事実とはみなせず、日本にも王朝交替があったとする説が唱えられ、複数の王家による権力の交替が盛んに議論された。君主になったのは、実際には天皇家だけではないとする議論である。

また、応神天皇の五世の孫で越前国の三国（現福井県坂井市三国町）から来たと記される継体天皇のところでは、実際には血筋が途切れているとする理解が有力である。私は、一系継続は歴史的事実とはみなせず、『日本書紀』が説いた政治的主張だと読解している。

そもそも、神の子孫だという神武天皇は架空の人物と言うよりなく、その後の八代の天皇も事績がほとんど記されず、一人当たりの在位年数が八十三年、百二年といったように人間離れして長いのも不自然で、架空の人物とするのが一般的である。また、天皇ではないが、日本武尊、武内宿禰、神功皇后も架空の人物である。さらに、それ以外の人物や説話の信憑性についても多くの議論があるが、それについては次章以降でまた触れることとしたい。

## 天皇の歴史を記した書物

『日本書紀』は何を記した書物だろうか。それは一言で言って、天皇の歴史を記した書物である。そこには神武天皇から持統天皇にいたる四十代の天皇の歴史が記される。その書き方は天皇ごとにその統治を叙述するというスタイルであって、天皇を単位に歴史が語られている。神武天皇の前には神々の話が記されているが、それは天皇たちの歴史の前史として記されており、神々の時代から天皇の時代へと時間が連続的に進んでいくのも大きな特色になっている。

『日本書紀』は、書名からすると、国初以来の日本の歴史を書き記した書物のように思われるかもしれない。だが、この書物の成立の時代背景、そして実際に書き記された内容からすると、「天皇」という存在を歴史的に説き明かすことを目的にして作成された書物と見るべきである。しかし、「天皇」の制度は、第四章で述べるように『日本書紀』の編纂がはじまった七世紀末に開始されたばかりの新制度で、それを過去にさかのぼって説明しようとしても無理がある。

一体どういう意図でそのような書物を作成したのであろうか。

# 第三章　『日本書紀』研究の歩み

## 津田左右吉の研究

近代歴史学において、『日本書紀』そして『古事記』の記述に正面から取り組んだ学者がいる。津田左右吉である。彼は二十世紀を代表する歴史学者で、記紀の記述は歴史的事実を伝えるのかどうか、それらはいつ頃の言説と見るべきかについて詳細な学問的考察を行なった。津田の研究は、一九一三年の『神代史の新しい研究』（二松堂書店）、一九一九年の『古事記及び日本書紀の新研究』（洛陽堂）をはじめとして一九二〇〜三〇年代に次々と発表された。彼は記紀の史料批判を行ない、合理的・実証的な解析を加えて、史料評価を行なった。

津田の研究は学界から大いに注目されたが、しかし折からの思想統制の下、昭和十四年（一九三九）、いわゆる津田左右吉事件が起こった。津田の記紀の史料批判研究は不敬罪にあたるとして告発されたのである。津田は、教授として勤務していた早稲田大学を辞職し、本は発禁処分とされ、司法に問われて、出版法違反で有罪判決（禁錮三カ月、執行猶予二年）を受けた。

津田の研究は、戦後再構成されて、『日本古典の研究』『日本上代史の研究』として刊行された。津田は、神代の物語、神武天皇の東征の物語、崇神天皇・垂仁天皇の物語、応神天皇以降の物語など『日本書紀』の記載を逐一検討し、時間的矛盾の見られる記述、合理性を欠く記述は後世の人の手によるものであるとし、次のように結論した。

まず、神話は一部に民間説話を含むとはいえ、その大部分は皇室による統治を権威化するために人為的に創作、構成されたもので、もともと人々に語り継がれてきたようなものではなく、編纂者たちによって創られたものである。

次に、神武天皇から仲哀天皇にいたる記載は、歴史的事実を記録したものとは認めることができず、これらの物語を作った朝廷および諸氏族の思想を表現したものと見るべきである。また、応神天皇から持統天皇にいたる記載は、天武天皇・持統天皇の部分は実録の性格があり、記録の集成と認めることができるが、それ以外の部分は歴史的事実とは認められないものが多く、やはりこの書物が編纂された時代の思想を表現した史料としてとらえるべきであるという。

津田は、この書物を事実の記録として読むのは誤りであるとし、そうではなく、この書物が作られた時代、すなわち七世紀末〜八世紀初めの時代の思想を表明した思想史の文献として読むべきであり、そう読解するなら極めて価値の高い文献であると論じた。私はこの理解は妥当なものだと評価している。

## 津田左右吉の聖徳太子論

次に、聖徳太子や大化改新についての津田の見解を紹介しておきたい。『日本書紀』は、聖徳太子について、母の穴穂部間人皇女《あなほべのはしひとのひめみこ》が厩《うまや》の戸に当たるや、労せずしてたちまち産まれ、生まれてすぐにものを言い、未来を予知したと書く。また、一度に十人の訴えを聞いて誤ることなく聞き分けたと述べる。また、ある時片岡山に行き、そこで一人の飢者と出会うと、太子は彼が実は「聖《ひじり》」であることをただちに見破ったとする話を述べる。さらに、太子が亡くなると、太子の仏教の師とされる高麗《こうらい》の僧の慧慈《えじ》が、太子はまことの「聖」であったと語り、私も来年の同じ日に死に、浄土で太子と再会して共に衆生《しゅじょう》を教化したいと誓願して、その通りに亡くなったとする話を述べる。津田は、これらは太子が聖者であることを示すための創作であるとし、歴史的事実を伝えるものではないと論じた。

また、蘇我馬子による物部守屋《もののべのもりや》征伐の軍に若き聖徳太子が加わり、白膠木《ぬりで》という樹木（ウルシ科の木）で四天王像を作って頂髪に置き、四天王に誓願して兵をひきいて進撃して、ついに守屋の軍勢を制圧することができたとする記述があるが、この話も虚構であり、後人による創作と見るべきだと説いた。

さらに、『日本書紀』に全文が掲載される「憲法十七条」については、第十二条に「国司国造」の文言が見えるが、推古十二年（六〇四）にはまだ「国司」がないからこの語ははなはだ不審であり、「国司国造」という表記は他の例から判断して七世紀末以降の表現であろうとした。そして、全体の論理構成が「中央集権制度・官僚政治制度」の政治理念に基づいて説かれるのも推古十二年のものにふさわしくなく、後世の政治体制による記述だとした。こうして津田は、憲法は太子の真作ではなく、『日本書紀』が作成される過程で編纂者たちによって創作されたものであると結論した。これらは論理的で説得力のある読解であり、今日につながる聖徳太子をめぐる史料批判研究はここからはじまったと言ってよいだろう。

## 津田左右吉の大化改新論

津田は、大化改新の中心法令である「改新之詔」についても疑問を提起した。改新の詔は全四箇条からなり、『日本書紀』大化二年（六四六）正月朔日〈一日〉条に全文が記載されている。詔の文は、各条の冒頭に記される総則的な規定（津田はこれを「綱目《こうもく》」と呼ぶ）と、その後に「凡」字を用いるなどしてはじまる各論的な規定からなっている。たとえば、第三条には、「其《そ》の三に曰く、初めて戸籍・計帳・班田収受之法《はんでんしゅうじゅのほう》を造れ。凡《おおよ》そ五十戸を里《さと》と為《せ》よ。里ごとに長一人を置け。戸口を按検し、農桑を課殖し、非違を禁察し、賦役《ふやく》を催駈《さいく》することを掌《つかさど》る（後略）」とある。このうち、冒頭の「初めて戸籍・計帳・班田収受之法を造れ」が綱目の部分にあたり、「凡」以下の部分が各論ということになる。

津田は「凡」以下の部分は後世の「令」の文とほとんど同文であるから、後世の令の文を用いて作文されたものであると指摘し、そのもととされた令文は、『近江令《おうみりよう》』（六六八年）の文だろうと推定した。そして結論として、この詔は全四箇条とも原文は綱目の部分だけと見るべきで、他の部分は『日本書紀』の編纂者が編纂段階で付加した文章にほかならないと論じた。これが、「令文修飾説」と呼ばれる著名な津田の見解である。

## その後の大化改新研究の進展

津田の見解を承《う》けて、戦後、大化改新研究は大いに進展した。津田が「綱目」と呼んだ部分は「主文」、他の部分は「副文」と呼ばれるようになり、副文が令の条文によって作られていることは確実とされるにいたった。ただ、その令がどの令なのかについては、津田が想定した『近江令』ではなく、それよりさらに後の『大宝令』（七〇一年）の文だとする見解が有力になり、今日、『大宝令』に基づく後世の作文とみる見解でほぼ決着している。『日本書紀』（養老四年、七二〇）で大化二年（六四六）のものと記される詔には、実は後世の『大宝令』の文が用いられているのである。

さらに、その後、副文だけでなく、主文についても疑問が持たれるようになった。特に第三条の主文「初めて戸籍・計帳・班田収受之法を造れ」は問題である。なぜなら、戸籍は二十四年後の天智九年（六七〇）に作成された庚午年籍《こうごのねんじゃく》が日本最初の戸籍であるし、班田収受は、持統四年（六九〇）の庚寅年籍《こういん》をもとに同六年（六九二）に実施されたのが最初の班田だからである［岸俊男 一九七三］。どちらも六四六年のはるか後世になって実施されており、この主文も『日本書紀』を編纂する際に後世の知識によって創作されたとしか考えられないからである。

ただ、こうした理解に対しては反論もある。改新の詔はただちに実施を企図するような法令ではなく、方針案を示したものだと理解するのである。しかし、かりにこれが方針案だとするとこの詔の歴史的意義はずっと小さいものになってしまうし、方針案が示された半世紀後になってようやく実施がなされるというのも不審である。やはり主文にも編纂段階で文章が付加、あるいは創作されている可能性が否定できない。大化改新については、今日の研究水準からすると、改新の詔に書かれるような改革がそのまま実施されたのではなかったとすべきであろう。

## 木簡に基づく研究の進展

今日、孝徳朝に実施されたらしい大きな改革については、『日本書紀』の記事からではなく、地中から出土する木簡に基づいて研究が進められている。木簡は一つ一つの情報は断片的であるが、同時代の一次史料であり、史料的価値が高い［市大樹 二〇一二］。その最大の成果は、孝徳朝に、「評《こおり》」「五十戸」という行政の単位が設置されたことが明らかになったことである。この時代に後世に継続していくような行政（税制）の単位が開始された。

その一方、『日本書紀』には、改新にあたり日本最初の年号である「大化」が建元され、その後「白雉《はくち》」、さらに天武朝に「朱鳥《あかみとり》」という年号が制定されたと記されている。しかし、木簡では、これらの年号が記されたものはまだ出土していない。鎌田元一が述べるように、木簡は七〇〇年のものまではすべてが干支で表記されるが、一方、「大宝」以降のものになると、年号で年紀が表記されるようになっている［鎌田元一 二〇〇八］。そもそも、『日本書紀』に記述される年号は、継続的に建てられておらず、断続的にしか建てられていない。切れ目なく年号が続くのではなく、とびとびに年号が建てられているのである。これでは君主の時間が途切れてしまう。こうしたとびとびの年号は中国の例から見ても、また日本の「大宝」以降の継続的な年号から見ても不審である。

木簡は今後も地中から続々と発見されるだろうし、今後、もしかしたら「大化」「白雉」「朱鳥」と書かれた木簡が出土するのかもしれない。しかし、研究の現段階では、『日本書紀』に記される三つの年号は歴史的事実を伝えるものとは言えず、後世になってから遡及的に定められたもの、もしくは『日本書紀』編纂者による創作だと評価すべきである。

さらに「公地公民」なる概念は、『日本書紀』にすら記されておらず、今後、全面的な見直しが必要になるものと考えられる。このように研究が進展した現在、「大化」という年号にも、「改新之詔」にも疑問があるから、この孝徳朝の改革を「大化改新」という名称で表現するのは問題が多い。今後は、別の名称と概念で日本の歴史の中に再定義すべきものと思われる。

### 聖徳太子研究の現在

聖徳太子についても、その後、福山敏男、小倉豊文、藤枝晃などによって数多くの研究が積み重ねられた。そうした研究の蓄積に立脚して、近年、大山誠一は聖徳太子虚構論とでも呼ぶべき学説を提起し、注目されている［大山誠一　一九九八、一九九九、二〇〇三］。大山は、厩戸王《うまやとのみこ》に関して歴史的事実と認定できるのは、①用明の子であること、およびその親族関係。

②実名が厩戸であること、および生年が五七四年であること。③斑鳩宮《いかるがのみや》に住んだこと、および斑鳩寺（法隆寺）を造ったこと（どちらも焼失、のち寺は再建）の三点で、それ以外の事績やエピソードはすべて後世の創作と見るべきであり、フィクションにほかならないとした。

では、いつどこで誰によって創られたのか。大山は、聖人としての「聖徳太子」の人物像は『日本書紀』以前には確認することができず、『日本書紀』の編纂者たちによってはじめて創作されたと論じた。その目的は何か。聖徳太子は中国の理想的な聖天子像に合致するような人物として設定されており、儒仏道三教の聖人で、文化人にして優れた政治指導者として造形されているという。

それは、「征伐」（武）を代表するヤマトタケルノミコトと対になるような、「礼楽」（文）を代表する人物として造形されており、『日本書紀』が作成された七世紀末〜八世紀初めの時代にふさわしい理想的人物として設定されているという。津田左右吉から大山誠一にいたる聖徳太子研究の歩みについては別に論じたことがあるので参照されたい［吉田一彦 二〇〇六b］。

## 『日本書紀』研究の視座——出典論

『日本書紀』は、私たちの前に未踏の深山のようにそびえたち、あるいは底なし沼のように横たわる書物だと思う。ヨーロッパの小説に詳しい読者なら、フランツ・カフカの『城』のような、いつまでもたどりつくことのできない得体の知れない何か、と言えばわかっていただけるだろうか。『日本書紀』をめぐっては、これまでさまざまな角度から研究が積み重ねられてきた。その中心は、（ア）出典論、（イ）紀年論、（ウ）区分論の三つであった［山田英雄　一九七九］。

出典論とは『日本書紀』の編纂者（執筆者）たちがどのような書物を参照、引用したかを解明する研究で、先にも述べたように、江戸時代の谷川士清、河村秀根、河村益根以来の研究の蓄積があり、近代では小島憲之の研究がよく知られている［小島憲之　一九六二〜五］。『日本書紀』には、『史記』『漢書』といった中国の書物（漢籍）や、あるいは仏典・仏書の文章を借用して文を作っているところがたくさんあり、それを明らかにするのがこの出典研究である。

だが、漢籍や仏典・仏書からの「引用」と言っても、『日本書紀』の場合、書名を明記して引用するものではなく、断り無しに引用がなされている。「〇〇曰」として引用がなされるのではなく、一読では気がつかないように、そっと無断引用がなされるのである。しかも、それは文章のレトリック（修辞）として用いられるのみならず、記事の本体自体が先行する文献の文章の借用、あるいは変形転用である場合が少なからずある。そうなると、その記事は歴史的事実を伝えるものとはみなせず、先行文献の文章を加工して創作されたものということになる。わかりやすく言い換えるなら、『日本書紀』の文章のもと文探しがこの出典研究ということになる。

## 紀年論

『日本書紀』には、また、年代の矛盾や不合理があり、江戸時代の学者がすでに問題にしていた。『日本書紀』の時間が、どのような年代観に基づいて設定されているのかを明らかにするのが紀年論である。『日本書紀』は、最初の天皇とする神武天皇について、辛酉年の春正月の庚辰《こうしん》の朔《ついたち》に橿原宮にて帝位に即いたと記す。この神武が即位したという「辛酉」の年とは、中国では周の恵王十七年に相当し、西暦では紀元前六六〇年にあたる。

「辛酉」という干支について、平安時代の政治家・学者の三善清行（八四七〜九一八）は、昌泰四年（九〇一、辛酉、改元して延喜元年）に『革命勘文《かくめいかんもん》』［山岸徳平他 一九七九所収］を著わして、中国の「易緯《えきい》」（讖緯《しんい》思想の書）に「辛酉」に「革命」が起こるとする説があることを指摘し、日本でも神武天皇が辛酉年に即位したと説き、今年は辛酉の年なので改元を行なうべきであると奏上した。彼の意見は天皇に聴きいれられ、この年、「延喜」という年号に改元がなされた。

明治時代の学者那珂通世《なかみちよ》（一八五一〜一九〇八）は、三善清行から江戸時代にいたる議論をふまえて、『日本書紀』の神武紀元は、六十年を一元、二十一元を一蔀《ぼう》とする理解に基づいて人為的に設定されたものであり、推古九年（六〇一、辛酉）を起点にそこから一蔀すなわち一二六〇年前にさかのぼった年を神武創業の大革命の年次と定めたものであると論じた。この説は大いに注目され、さまざまな議論が巻き起こった。出版界もこの議論に注目し、さまざまな特集を組んで、論争を後押しした。神武紀元をどう理解するかをめぐっては、その後、一蔀を一二六〇年とするか、一三二〇年とするかをはじめとして諸々の理解が提案され、未《いま》だ決着にはいたっていない。そうではあるが、『日本書紀』の紀年が人為的に設定されたものであることは疑いなく、その思想、原理の解明は『日本書紀』読解の根本課題の一つとなっている［小林敏男 二〇〇六］。

## 区分論

『日本書紀』全三十巻には、また、巻ごとに用語、用字、文体などの違いが見られる。それらに着目して、巻々のグルーピングを行なってグループごとの特色を明らかにし、成立の前後関係や、編纂者（執筆者）の違いを考究するのが区分論である。

この区分論からのアプローチも長い研究の蓄積がある。森博達の整理によるなら、『日本書紀』が他の見解を引用する際、巻によって「一書曰」「一本云」「一云」「或云」などというように表現に違いが見られることが注目され、また巻ごとに使用語句や万葉仮名（字音仮名）の用字に違いが見られ、さらには巻ごとに分注が多かったり少なかったりし、巻ごとに語法に大きな差異が見られることが指摘されてきた。そして、これらに基づいて各巻のグルーピングがなされてきた。

それらの成果を総合し、さらに独自の語法論・音韻論による分析を進めた森は、全三十巻をα群（巻十四～巻二十一、巻二十四～巻二十七）と、β群（巻一～巻十三、巻二十二～巻二十三、巻二十八～巻二十九）と、巻三十の三種類に区分した。そして、各グループはそれぞれ編纂者（執筆者）が異なり、また執筆年代が異なると論じた［森博達 一九九九、二〇一一］。この見解は、区分論研究の今日の到達点の一つとして注目されている。

## 近年の出典研究の進展

『日本書紀』が使用した漢籍は数十以上の多数にのぼるが、小島憲之によると、それらのほとんどは直接その書物を参照しての引用ではなく、中国の「類書《るいしょ》」からの孫引きであるという。類書とは諸々の書物からテーマごとに文章を抜き出し、それらを部門別に分類して配列したもので、あるテーマについてものを調べようとする時に大変便利に検索することができる百科全書のような書物のことである。中国では、いくつもの類書が作成され、用いられた。小島によれば、『日本書紀』の編纂者たちは、唐代の類書である、欧陽詢《おうようじゅん》ら編『芸文類聚《げいもんるいじゅう》』（六二四年）を使用して文章を作っているという。たしかに『日本書紀』の文章と『芸文類聚』の文章とを比べてみると合致するところが多く、この学説は支持を集めた。

だが、『日本書紀』には必ずしも『芸文類聚』からの引用とはみなせない箇所もあり、『芸文類聚』ではなく、『修文殿御覧《しゅうぶんでんぎょらん》』（五七三年）という類書が用いられているのではないかとする説が提起された。だが、現在では、梁《りょう》代の類書である『華林遍略《かりんへんりゃく》』（五二三年または五二四年）が用いられているとする説が提起され〔池田昌弘 二〇〇八〕、複数の類書が用いられている可能性が高いと指摘されている〔瀬間正之 二〇一五〕。池田は、また『華林遍略』とあわせて、唐の時代に編まれた『文館詞林《ぶんかんしりん》』（六五八年）という書物が用いられていることを説き、注目されている〔池田昌弘 二〇一四〕。いずれにせよ『日本書紀』の文章が中国の類書を用いて作られていることはまちがいない。

私も、諸先学の研究成果に導かれながら、仏典・仏書についての出典研究を進めてきた。『日本書紀』には仏典・仏書の文章を用いて作文されている部分が多数あり、そうした記述は編纂者による修飾、もしくは創作と評価される。『日本書紀』には『金光明最勝王経《こんこうみょうさいしょうおうきょう》』（七〇三年漢訳）を用いて文章を作った記事があることが敷田年治以来指摘されているが、井上薫はこの経典を用いて作文したのは僧の道慈《どうじ》であろうとする論を提起している［井上薫 一九六一］。私は、この見解を発展させ、『日本書紀』の仏教伝来記事にはじまる一連の仏教関係記事には、『金光明最勝王経』だけでなく、唐の道宣《どうせん》の『広弘明集《こうぐみょうしゅう》』『集神州三宝感通録《しゅうしんしゅうさんぼうかんつうろく》』『続高僧伝』『集古今仏道論衡《しゅうここんぶつどうろんこう》』や、道世『法苑珠林《ほうおんじゅりん》』、慧皎《えこう》『高僧伝』などが用いられて文章が作られていることを明らかにした。そして、その作業を行なったのは道慈の可能性が高いとする論を提出している［吉田一彦 二〇一二］。

## 変革の時代の書物

『日本書紀』が編纂されたのは変革の時代であった。歴史書はしばしば激動の時代に書き記される。慈円《じえん》『愚管抄』は武家政権誕生という大きな変革の時代に書かれたもので、その後、承久の乱（一二二一年）が起こると二度の加筆がなされたという［大隅和雄 一九八六］。北畠親房『神皇正統記』は、南北朝の動乱の時代、劣勢の南朝側を立て直さんと小田城（常陸国《ひたちのくに》筑波郡）で書き始められ、大宝城（同国真壁郡）で修訂がなされたもので、やはり動乱の時代の書物である。これらは、時代が大きく変わろうとする時にあたり、歴史を語り、それに基づく政治思想を語ることによって、人々にあるべき未来を提示しようとして書かれた。『日本書紀』も大きな改革が進行する時代に書かれたもので、新時代の思想を示し、未来のあるべき姿を示すことを目的に定められた書物であった。

『日本書紀』は天武天皇の末年に編纂が開始され、持統、文武、元明天皇の時代を経て、元《げん》正《しょう》天皇の養老四年（七二〇）に完成、奏上された。この時代は、次章で詳述するように、君主の称号が「大王」から「天皇」へと変わり、新しい政治制度である天皇制度が開始され、国号も「倭」から「日本」へと変わった時代であった。そうした大きな政治的変革の中心にたったのは、持統天皇や藤原不比等《ふひと》であった。

# 第四章　天皇制度の成立

## 君主は「大王」

日本の天皇制度はいつ開始されたものであろうか。『日本書紀』は歴代君主をすべて「天皇」という名で叙述するが、これは歴史的事実を伝えるものではない。日本では、君主はかつて「大王」を称し、のち「天皇」と称したことが出土文字資料などから明らかにされているからである。

稲荷山古墳（埼玉県行田《ぎょうだ》市埼玉《さきたま》）出土の鉄剣の銘文には「獲加多支鹵大王」というように「大王」の称号が見え、江田船山古墳（熊本県玉名郡和水町《なごみまち》江田）出土の鉄刀の銘文にも「獲□□□鹵大王」というように「大王」の称号が見える。前者には、「辛亥年《しんがいねん》」の干支の記載があり、それは西暦四七一年にあたると推定されている。ここから、日本では五世紀後半に君主が「大王」の称号を名乗っていたことが判明する。前者は銘文の読解から「ワカタケル大王」なる大王が授けた剣と考えられ、後者も銘文に判読できない部分があるが、同一の大王が授けた刀だと推定されている。

武田幸男の研究によれば、「大王」という君主号は、もとは高句麗《こうくり》で用いられた「太王」にはじまるもので、「国岡上広開土境平安好太王」「永楽太王」（好太王、広開土王のこと）あるいは「太王」「聖太王」「高麗太王」などの名が知られている。この高句麗の君主号は「太王」あるいは「大王」という表記で新羅、渤海《ぼっかい》などの周辺、後継の国々に採り入れられ、アジア東部で広がりを見せた。日本の「大王」という君主号もこれを模倣、導入して用いられたものと理解される［武田幸男　一九八九］。

## 中国の「天皇」号の導入

では、日本の君主はいつから「天皇」を名乗ったのであろうか。これについては、ここ半世紀ほどで研究が大きく進展した。かつては、六世紀末の推古朝に「天皇」号がはじまったという学説が唱えられた。これは、日本の「天皇」についてはじめて学問的な解析を行なった津田左右吉の説である。津田論文は一九二〇年に発表されたもので、当時としては大変優れた研究であった。そこで、津田は「天皇」という言葉はもとは中国で用いられた思想・宗教上の用語で、日本の「天皇」号はそれを導入したものであることを明らかにした［津田左右吉　一九六三］。

だが、その後、中国で唐代に「天皇」の語が君主号として用いられた事例があることが発見され、日本の「天皇」号が中国の君主号を採り入れたものであることが判明した。渡辺茂は、唐では高宗《こうそう》（六二八〜六八三）が上元元年（六七四）に「皇帝」号をあらためて「天皇」と名乗っており、日本の「天皇」号はこの高宗の君主号を模倣、導入したものだと論じた。中国皇帝は、秦《しん》の始皇帝以来「皇帝」を名乗るのが一般的だったが、『旧唐書《くとうじょ》』高宗本紀上元元年八月条の「皇帝、天皇と称し、皇后、天后と称す」によれば、この時、高宗は、「皇帝」を「天皇」、「皇后」を「天后」と改称することとした。これが中国で「天皇」号が君主号に用いられた最初であり、日本の「天皇」号はこれを導入したものである［渡辺茂　一九六七］。

そうであるなら、日本の「天皇」号は六七四年以降にはじまることになる。その後、渡辺の研究を承《う》けて、この記事との前後関係が問題になる金石文の史料批判研究が進展し［東野治之　一九七七、二〇〇四］、日本の「天皇」号は七世紀末の持統《じとう》天皇から、もしくはその一代前の天武《てんむ》天皇の途中から開始されたことが判明した。日本では、七世紀末から「天皇」という君主号が用いられるようになったのである。

また、増尾伸一郎によれば、唐の高宗の「天皇」号の情報は新羅に伝わっており、新羅の文武《ぶん》王《ぶ》（在位六六一〜六八一）の碑に「天皇大帝」という文言が見え、文武王の弟の金仁問の碑にも「高宗天皇大帝」の語が見られるという。増尾は、高宗の「天皇」号の情報はすぐに新羅に伝わっており、日本へは唐から直接ではなく、新羅から遣新羅使が高宗の「天皇」号の情報を持ち帰って伝えられたと論じた［増尾伸一郎 二〇一五］。

平成十年（一九九八）、奈良県高市郡明日香村の飛鳥池遺跡（国史跡 飛鳥池工房遺跡）から「天皇」と記した木簡が出土し、話題になった。この「天皇」木簡には年紀や干支は記されていなかったが、同じ所から出土した木簡の年代から、七世紀末の天武・持統朝の時代のものであることが判明した。これは「天皇」と記した日本最古の木簡であり、日本の「天皇」号が七世紀末に成立したとする説と連関する出土文字資料として注目されている。

私は、日本の「天皇」号は、ペアになる称号が「天后」になっておらず、ために「天皇・天后」とならず、もとより「皇帝・皇后」のペアでもなく、「天皇・皇后」という独特のペアになっていることに注目したい。これは、称号導入時に「天后」にあたる人物が存在せず、時間の経過ののちにあらためて「皇后」の称号が導入・採用されるようになったことを示唆している。ここから、私は、日本の「天皇」号は天武の途中からではなく、持統から開始された可能性が高いと推定している。だとすると、日本の「天皇」はその最初が女帝だったということになる。

## 皇帝制度の導入としての天皇制度

「天皇」号成立の歴史的意義は大きい。これを「大王」号から「天皇」号への君主号の名称変更とのみとらえるのは過小評価であり、国制の根幹に関わる大きな変革と評価すべきである。それは中国が長い歴史の中で築き上げた政治制度たる「皇帝制度」を日本に導入し、新しい政治体制を開始することであった［吉田一彦 二〇〇六ａ］。

「天皇」は「皇帝」の言い換えだった。日本の律令を見てみよう。『養老令《ようろうりょう》』の「儀制令《ぎせいりょう》」第一条（天子条）には、君主の称号として、「天子」「天皇」「皇帝」「陛下」の四者が併記されている。これらはすべて同一地位の言い換えであり、天皇は「天子」「皇帝」「陛下」と互換性を持つ概念だと規定されていた。

また『続日本紀《しょくにほんぎ》』には、霊亀元年（七一五）九月庚辰《こうしん》〈二日〉条の元明天皇が元正《げんしょう》天皇に皇位を禅《ゆず》る詔に、「今、皇帝の位を内親王に伝ふ」とあって「皇帝」の語が用いられている。養老五年（七二一）十月丁亥《ていがい》〈十三日〉条の元明太上天皇が薄葬を命ずる詔には、天皇の政務について「皇帝、万機《ばんき》を摂《と》り断《ことわ》る」とあって「皇帝」の語が見える。さらに、天平八年（七三六）十一月丙戌《へいじゅつ》〈十一日〉条の上表文には、「伏して惟《おもん》みるに皇帝陛下」とあって「皇帝陛下」

（聖武《しょうむ》天皇を指す）の称号が見える。これらから、日本は、「天皇」が「皇帝」の言い換えであることを明確に認識してこの称号を導入していたことが知られる。

今日、私たちは「天皇」という言葉に慣れ親しんでいるし、そこからこれが日本古来の言葉であるかのように思いがちである。しかし、この語はもとは中国の言葉であり、「皇帝」の言い換えとして用いられた語であった。また、そのことをこの語を導入した時代の政府、貴族層はよく認識していた。

## 新政治制度としての天皇制度

紀元前三世紀、中国を統一した秦王の政は、「皇帝」という君主号を名乗った。秦の始皇帝（紀元前二五九～二一〇）である。これ以後、中国では各王朝の君主がこの「皇帝」の称号を用いるのを一般とした。「皇帝」は君主の称号であるが、そこにはさまざまな権力や政治制度が包含されていた。「皇帝」を名乗ることはそれにふさわしい権力を持ち、それにふさわしい政治を行なうことであった。

唐の高宗は「皇帝」号を改称して「天皇」号を称したが、それは、権力の性格や政治制度の変更をともなうものではなく、「皇帝」の言い換えとして「天皇」という称号を用いた。そして、この新しい君主号を導入した日本の政権も、これが「皇帝」の言い換えであり、皇帝と同一の内実を持つ概念であることを承知していた。

七世紀末の日本は、それまでの「大王」を変えて、「天皇」という君主号を採り入れた。その歴史的意義は大変大きい。それは単に君主の称号の名称変更にとどまるものではなかった。その後の国家の変化から判断して、それは称号の変更のみならず、君主号に付随する諸々の政治制度を導入することであり、中国の皇帝制度を導入することにほかならなかった。こうして、七世紀末、日本において新たな政治体制として天皇制度が開始された。

中国では、皇帝は天下を統治するにあたり、自らの王朝の名を称する。日本列島の国家は、それまで中国や周囲の国々から「倭」「倭国」と呼ばれていた。これは他称であったが、自らもこの名称を用いたので自称ともなっていた。ただ、この語には「小さい」などマイナスの価値評価をともなう意味が含まれていた。そこで、七世紀末、国号を「倭（倭国）」から「日本」へと変更した［東野治之 一九九二］。この「日本」という国号は、王朝名として創始されたものだという［吉田孝 一九九七］。こうして、それまで「倭」「倭国」と呼ばれていた国家は、新たに「日本」という名を王朝名として称するようになった。これは、天皇制度の開始による日本王朝の創始だと評価されよう。

## 中国の政治制度と日本

中国皇帝は、理念的には、空間と時間を、また法と経済を一元的に支配する。天の最高神に代わって、天の命を受けた天子として天下を支配するのが皇帝であった。日本はどうか。五～七世紀の「大王」の時代の政治権力のあり方や構造については不明の部分が多く、その解明は今後の研究課題と言うよりないのが現状である。ただ、理念としても、また実態としても、中国皇帝型の一元的支配とは質的に異なる政治が行なわれていた可能性が高いと推定される。

それが七世紀末になって、日本の政治権力は中国の政治制度である皇帝制度を採り入れることとした。だが、日本と中国とでは国情が異なるし、それまでの歴史的政治的な経緯も異なる。皇帝制度の導入と言っても、できる部分とできない部分とがあったし、改変が必要な部分が多くあった。そもそも目指す政治形態に差異があったとすべきで、中国皇帝型の一元的支配は最初から達成できなかったし、それを達成しようという意志があったとはみなしがたく、別の政治形態が目指されていたとすべきだろう。したがって、皇帝制度の導入は外形的な導入にとどまる部分が少なくなかったが、それでも、理念としては、中国皇帝と同質の、空間、時間、法、経済の支配を目指す方向性が求められた。

## 『日本書紀』が書かれた時代の日本

先にも述べた通り、『日本書紀』が書かれたのは大きな変革の時代であった。天皇制度の開始にともない、日本国は大きく変貌した。まず空間の支配。日本王朝は中国にならって中央に中国風の都城を建設した。その最初が持統天皇によって飛鳥の地に造営された藤原京（六九四年）であり、次いで元明天皇によって奈良に平城京（七一〇年）が造営された。日本にも、はじめて中国と同じような条坊を持つ都城が成立し、それは天皇そして貴族たちが天下を治める政治の中枢空間となった。そうした都城は、その後も、長岡京（七八四年）、平安京（七九四年）と継承されていった。

一方、外縁部では国境の定立と拡大がなされた。七世紀末から八世紀初め、南方では種子島、屋久島、奄美《あまみ》大島、徳之島を領土に組み入れ、種子島に国司を置いた。東北地方でも領土を拡大し、拠点になる城を築いた。また、中国思想の「夷狄《いてき》」の観念を導入し、領土の周縁部にこの観念を適用した。

法の支配では、中国の律令法を一部改変しながら導入して『浄御原令《きよみはらりよう》』（六八九年）、『大宝律令』（七〇一年）を制定した。前者は持統天皇による治世であり、後者は文武《もんむ》天皇の時代になっているが、実質的には持統太上天皇の政治の一つとして実施された。それは法思想や法体系としては中国の法である律令を模倣したものであり、条文の文言などに部分的に改変があることは軽視できないとしても、全体としては中国法をほぼそのまま受容、導入したものであった。また、中国風の銭貨を導入することとし、富本銭《ふほんせん》、次いで和同開珎を鋳造した。日本王朝は銭貨の使用を開始することによって経済的支配の第一歩を踏み出した。

さらに宗教的には仏教と神信仰の二つを国家の宗教の根幹とすることを明確化した。これにより、国家の寺院として薬師寺、大官大寺などが造営され、藤原京には国家の寺院、貴族の寺院など多数の寺院が甍《いらか》を並べた。持統天皇は国家儀礼として金光明経斎会《こんこうみょうきょうさいえ》を実施し、それを中央だけでなく、地方でも挙行させた。また、国家が僧尼の出家制度に関与することとし、中国の制度にならって、政府が出家者を認可する制度である官度制を創始した。得度《とくど》させる僧尼の人数は一年間に十人と定めた。これを年分度者《ねんぶんどしゃ》という。平城京でも仏法興隆《ぶっぽうこうりゅう》の政策が継続され、多くの寺院が建立され、仏像・仏画が造立され、経典が書写されて、国家儀礼としての仏教儀礼が挙行された。

神祇祭祀では、天皇家の祖先神として造形したアマテラスをまつる神社として伊勢神宮が創られた。その創始は、七世紀末の天皇制度が創られる時期のことと考えられる。それは『日本書紀』における神話の構築作業と連動していた。こうして、伊勢神宮を頂点とする神社の秩序と神祇祭祀の体系が作られていった。

## 持統天皇の歴史的位置

天皇制度の成立は、日本政治史の画期となる重大な変革であった。これを実施したのは、持統天皇（六四五〜七〇二）と、その政治的盟友である藤原不比等《ふひと》（六五九〜七二〇）である。したがって、持統天皇の政治史上の意義は大変大きいし、システム考案者の中心にいた藤原不比等の政治史上の意義は極めて大きい。

藤原不比等は、中国の皇帝制度を模倣しつつも、「天皇」を中国の「皇帝」とは少しく異なる存在として構築し、「天皇」なる地位に実質的な権力、権限が集中しないような政治システムとして日本の天皇制度を構想、実現した。それは貴族たちが共同統治を行なうための政治システムであり、なかんずく不比等の構想では、天皇家と血縁的に一体化した藤原氏が実質的に権力の中枢にすわる政治システムとして構想されている。

その新生日本国の新しい事業の一つとして『日本書紀』は編纂《へんさん》された。

# 第五章　過去の支配

## 時間の支配

天皇は時間を支配する。〈時間の支配〉には、私見では、次の三つの下位区分がある。〈過去の支配〉〈現在の支配〉〈未来の支配〉である。このうち、〈現在の支配〉は、中国の政治制度を参照するなら、自然時間の人為区分としての暦の制定、統治時間の区分としての年号の建元が重要な論点になる。

新しく日本王朝が誕生すると、その年号として「大宝」が建元された。これは今日まで続く日本の年号のはじまりとすべきで、大宝から、現在の「平成」まで年号は途切れることなく継続している。暦は、天皇制度成立以前に、すでに中国の元嘉暦《げんかれき》が輸入されて用いられていた。天皇制度成立以後は、元嘉暦を改めて新しい暦を施行した。儀鳳暦《ぎほうれき》（麟徳暦《りんとくれき》）である。持統天皇四年（六九〇）からそれまでの元嘉暦と新しい儀鳳暦が併用されるようになり、まもなく、文武天皇元年（六九七）、もしくは二年（六九八）から儀鳳暦の単独使用が実施されるようになった。

では、〈過去の支配〉〈未来の支配〉についてはどうだろうか。これに関しては歴史を確定する作業が要となる。具体的には『日本書紀』の作成が最大の政策課題であった。『日本書紀』は、〈時間の支配〉を実現するために作成された書物であった。

## 未来の支配

歴史とは現在の時点から過去を再構築して示すものであり、同時にその再構築した過去に立脚して未来を展望するものである。その際、過去の再構築が事実に基づいて行なわれる場合もあるが、そうではなく、事実よりも理念や政治や経済的得失などが重んじられて過去が変形、あるいは創作される場合がある。

近代の歴史学では、歴史を叙述するに際し、事実に立脚した過去を復元することが要請される。けれど、近代でも必ずしもそうとは言えない歴史が語られることがある。日本では明治国家が独自の歴史観に立っており、明治・大正・昭和期の歴史学では国家の歴史観に身を寄せるように、事実よりも理念や政治に軸足を置いた歴史が語られることがあった。歴史は〈国体〉と連関させて語られたから、事実が小さく評価され、事実よりも大事とされることがしばしば特筆された。政治家たちは、たとえば、南北朝正閏《せいじゅん》問題や井伊直弼《いいなおすけ》の評価などをめぐって盛んに発言し、歴史教科書の記述に大きな影響力をおよぼした。

帝国大学の〈国史〉の教授たちは近代国家のために歴史を書き、語ることが職務だった。彼らは時には政治権力と妥協しながら、時には自らの国家思想・文化思想によりながら、日本の〈歴史〉をクリエイティブに造形していった。その心性は戦後も、あるいは今も形を変えつつ部分的に継承されている。

まして近代以前となると、学問としての歴史を客観的、公平に語るという立場は基本的には存在せず、事実よりもむしろ理念、政治などに基づいて歴史が語られるのが一般的だった。それは、誰のために、あるいは誰の命令（依頼）で歴史を書くのかという問題と深く連関している。そもそも、かつて歴史とは国家の命令で編纂するか、さもなければ特定の対象者のために書かれるものであった。

未来はどうだろうか。未来は過去と対になるようにして存在し、過去と連動するようにして語られる。未来は、一般的には、過去に規定されて語られることになるが、しかし、その逆に、あるべき未来の姿が構想され、それに対応させるようにして過去が再構築されるということもまたある。未来が過去を規定するのである。

天皇制度を導入した七世紀末の日本国の政治権力は、この政治制度の実施にあたり、あるべき唯一の未来の姿を構想し、呪縛をかけるようにその実現を宣言した。私は、それを〈未来の支配〉にあたるととらえている。それは『日本書紀』の中で構想されており、この書物によって広く一般に宣言がなされていった。

## 天壌無窮の神勅

『日本書紀』を読み進めていくと、著名な「天壌無窮《てんじょうむきゅう》の神勅《しんちょく》」に出会う。それは未来を規定する神の命令であった。巻二の一書（第一）に次のように語られるのがそれである（傍線は筆者）。

時に天照大神《あまてらすおおみかみ》、勅《みことのり》して曰く、「若《も》し然《しか》らば、方《まさ》に吾《あ》が児《こ》を降《くだ》しまつらむ」と。且《まさ》に降《くだ》りまさむとする間に、皇孫、已《すで》に生《あ》れたまふ。号して曰く天津彦彦火瓊瓊杵尊《あまつひこひこほのににぎのみこと》と。時に奏することを有りて曰く、「此の皇孫を以て代《か》へて降さむと欲す」と。故《かれ》、天照大神、乃ち天津彦彦火瓊瓊杵尊に、八坂瓊曲玉《やさかにのまがたま》、及び八咫鏡《やたのかがみ》、草薙剣《くさなぎのつるぎ》、三種の宝物を賜《たま》ふ。又中臣《なかとみ》が上祖天児屋命《あめのこやねのみこと》、忌部《いむべ》の上祖太玉命《ふとたまのみこと》、猿女《さるめ》が上祖天鈿女命《あめのうずめのみこと》、鏡作《かがみつくり》が上祖石凝姥命《いしごりどめのみこと》、玉作《たまつくり》が上祖玉屋命《たまやのみこと》、凡《すべ》て五部神《いつとものおのかみたち》を以て配《そ》へ侍《はべ》らしめたまふ。因《よ》りて皇孫に勅して曰く、「葦原千五百秋之瑞穂国《あしはらのちいおのあきのみずほのくに》は、是《これ》、吾《あ》が子孫の王たるべき地なり。爾《なんじ》皇孫就《ゆ》きて治めよ。

行矣《さきくませ》。宝祚《ほうそ》の隆《さか》えまさむこと、天壌《あめつち》と無窮《きわまりな》けむ」と。

傍線部分が「天壌無窮の神勅」と呼ばれる神（アマテラス）のみことのりである。地上世界である葦原中国《あしはらなかつくに》（ここでは「葦原千五百秋之瑞穂国」と記される、日本国のこと）が平定されると、アマテラスは最初は自分の児をこの地に降そうと考えた。しかし、ちょうどその時に孫が誕生したので、構想を変更して孫（皇孫〈天孫ともいう〉）の天津彦彦火瓊瓊杵尊（ニニギ）をこの地に降すことにした。著名な「天孫降臨《てんそんこうりん》（皇孫降臨）」である。

アマテラスは、この時に、皇孫に八坂瓊曲玉と八咫鏡と草薙剣の三種の宝物を与え、また中臣氏、忌部氏、猿女氏、鏡作氏、玉作氏の祖先をお伴としてつき従わせた。そして勅して、「葦原千五百秋之瑞穂国は、私の子孫こそが王として統治すべき地である。なんじ皇孫よ、行って統治せよ。宝祚が栄えることは永遠であろう」と宣言したという。これは、葦原千五百秋之瑞穂国は、私の子孫のみが未来永劫《えいごう》にわたって統治する地であるとする、未来を規定する宣言であった。

ここで、皇孫とともに降臨したとされる五つの氏族の祖は、降臨の太初から天皇家の祖の近臣であったとされており、重臣として記述されている。この五氏族は、神祇祭祀に携わる氏族として知られている。先に述べたように、このうちの中臣氏、忌部氏はそれぞれ中臣大島、忌《いむ》部首《べのこびと》（子首《こびと》）を『日本書紀』編纂のメンバーに入れていた。彼らは神代紀の実際の記述に深く関わっていたと思われる。

## 『日本書紀』の一書

「天壌無窮の神勅」は『日本書紀』の第一の一書に記されている。ここで「一書」とは何かについて説明しておきたい。『日本書紀』の巻一、巻二の神代紀の部分には、本文に続けて、「一書曰」として異説が記される。その異説も一つにとどまらず、五つも六つも、時には十一もの説が記されている。この「天孫降臨」の段にも八つの一書が記されている。

「一書」とは何であろうか。また、なぜこのように多数の異説が記されるのであろうか。

A　一つの理解は、神々をめぐる伝承がさまざまにあり、それをできる限り丁寧に拾い集めて「一書曰」として書き記したとするものである。これは『日本書紀』編纂者の姿勢の誠実さを評価する理解となるだろう。

B　もう一つの理解は、それらは意見の違い、主張の違いを示すものであって、編纂の過程で調整がつかず、両論併記、各論併記されたものが「一書曰」として書き記されたとするものである。

『日本書紀』の神話を神々についての古くからの伝承が書きとめられたものだと理解するならAと見ることになるが、新たな政治制度である天皇制度の成立と密接に連関した政治的な神話が書かれたものだと理解するならBと見ることになる。

「天壌無窮の神勅」が記される天孫降臨の段は政治的な側面が強くあり、皇位の正当性や皇位継承のあるべき姿、各氏族の利害関係などが濃密に連関している。これについて、黛《まゆずみ》弘道《ひろみち》は、アマテラスは持統天皇をモデルに、ニニギは孫の軽皇子《かるのみこ》（のちの文武天皇）をモデルに造型されているとし、その背後には持統の政治的盟友であり、軽皇子の妻（藤原宮子）の父にあたる藤原不比等が存在すると論じた。他方、『日本書紀』本文で葦原中国の統治をニニギに命じる神である高皇産霊尊《たかみむすびのみこと》は、大伴氏や忌部氏の祖先とされる神であることを指摘した。したがって、天孫降臨の段は、持統天皇・藤原氏の意向と、大伴氏・忌部氏の意向とが共存した記述になっている。黛弘道はこの段の記述について、諸氏の利害が複雑に絡んだために定見が得られず、各種異説の最大公約数をとってとりあえずの本文を作って諸氏の妥結を得、各氏族のそれぞれの主張はその後に一書として適宜配列されていったと読解した。黛の分析によれば、この段の第一の一書は持統一家と藤原不比等の主張を記述するものであり、第二の一書は忌部氏の主張、第四の一書は大伴氏の主張、第六の一書は大伴系のもう一つの主張を記したものであるという〔黛弘道　一九八二〕。

私は、このような一書の理解、すなわちBが正しい『日本書紀』の読解だろうと考えている。『日本書紀』では冒頭巻一、巻二の神話が政治的に極めて重要な部分であり、皇位の正当性や各氏族の地位・権益に直接関係すると評価される記述がなされていた。したがって、この部分の編纂に長大な時間がかかってしまい、結局、本文は妥協の産物として諸説複合して構成することとなり、各氏族それぞれの主張は一書として併記するという形で落着した。それが今見る『日本書紀』の姿だと考えられる。

## 神話の政治的重要性

平安時代の『日本書紀』講書では神話の部分が重視され、ここの読解を中心に講義が進められた。また、中世の『日本書紀』注釈書も神話の部分が注釈の中心であった。今日から見ると、どうしてそのようなところにばかりこだわったのか理解しがたいし、空理空論としか思われないような解釈に出会って困惑することもある。しかしそうではない。『日本書紀』の編纂者や同時代人たちにとって、まず重要なのが神話の部分であって、そのため後世の貴族たちにとっても、自分たちの政治的権力や経済的権益のルーツが記された部分として、神話の「正しい」読解に力がそそがれたのである。

## アマテラス、ニニギのモデル

『日本書紀』の神話は古来から伝承される神々の物語をそのまま記したようなものではなく、天皇制度の成立にともなって、天皇の正当性や氏族たちの正当性を述べる政治的な創作物として作成された。それらは創作神話なのである。特に天孫降臨の段の部分はその性格がはっきりと出ている。

持統天皇は、夫天武の死後、二人の間の子である草壁皇子《くさかべのみこ》の即位を望み、ライバルを倒して彼を後継者の位置に据えた。しかし、草壁皇子は即位をまたず、早世してしまった。草壁皇子が残した子の軽皇子はまだ幼少であった。持統天皇は今度は孫の軽皇子を後継者とするべく、彼の成長をまった。軽皇子は成長し、ついに六九七年に即位して天皇となった。これが文武天皇である。黛弘道が述べたように、神々の世界の中心に位置するアマテラスは持統天皇をモデルに、その孫として葦原中国すなわち日本国を統治するニニギは軽皇子をモデルとして造型されたが、しかし、この政局にはまだ続きがあった。

系図1　持統天皇の皇統

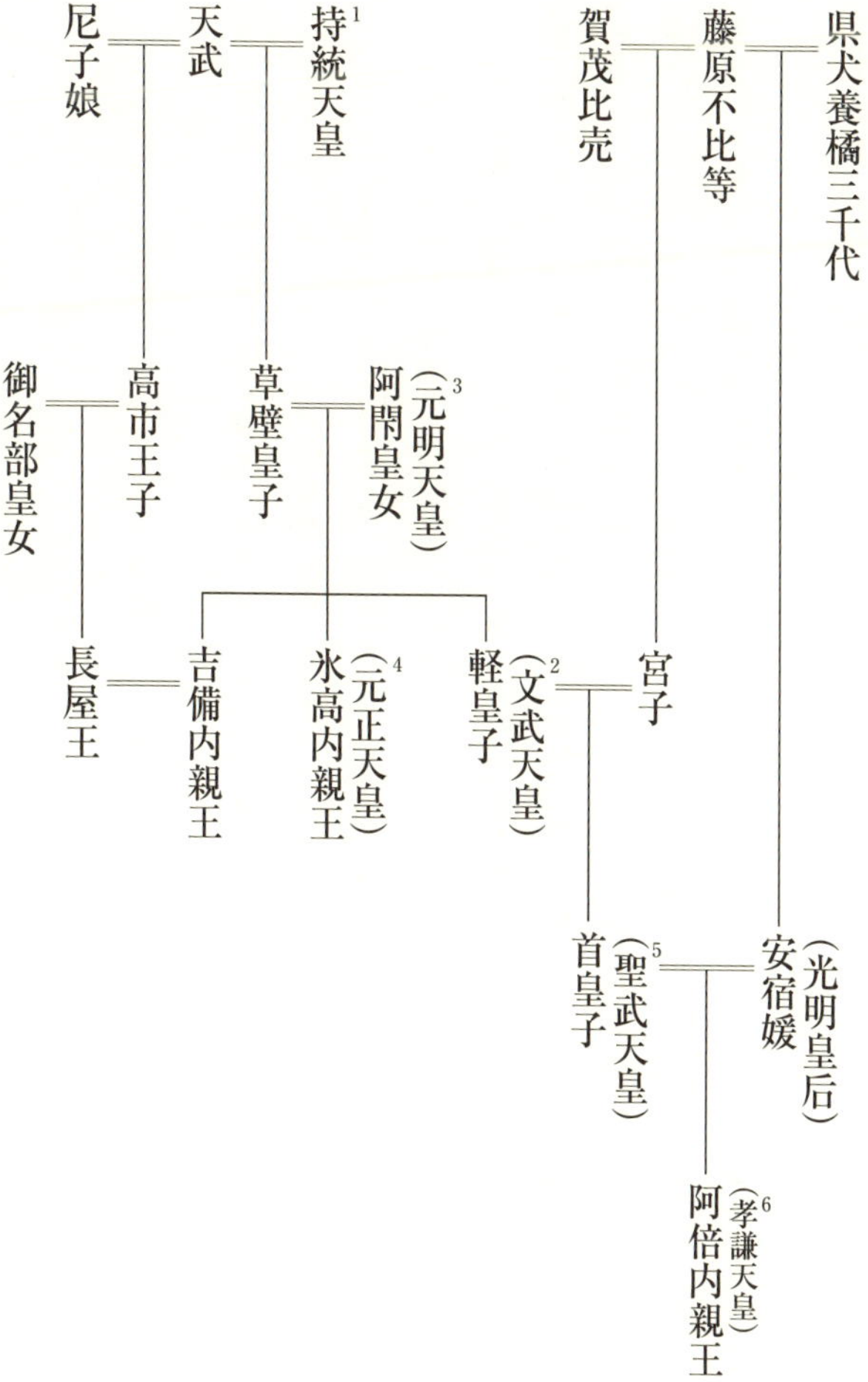

県犬養橘三千代
藤原不比等
賀茂比売
持統天皇 1
天武
尼子娘
宮子
阿閇皇女（元明天皇） 3
草壁皇子
高市王子
御名部皇女
軽皇子（文武天皇） 2
氷高内親王（元正天皇） 4
吉備内親王
長屋王
安宿媛（光明皇后）
首皇子（聖武天皇） 5
阿倍内親王（孝謙天皇） 6

周囲の期待のもと待望の即位を果たした文武天皇は、大宝二年（七〇二）に持統太上天皇が死去すると、まもなく慶雲四年（七〇七）に死去してしまった。在位は十年間、わずか二十五歳での早世であった。文武は子の首《おびとの》皇子《みこ》を残した。皇子の母は藤原不比等の娘の宮子であった。

首皇子の天皇即位は、残された持統天皇の一家にとって、また祖父の藤原不比等にとっての悲願となった。だが、首皇子はまだ幼少であり、周囲の政治情勢も整ってはいなかった。そこで、文武の母（草壁皇子の妃）の阿閇《あへ》内親王が即位し、首皇子の成長をまつこととした。これが元明天皇である。彼女と首皇子との関係もまた祖母と孫ということになる。

私は、『日本書紀』編纂の前期の段階では、アマテラスは持統天皇を、ニニギは軽皇子をモデルに造型されたと考えるが、文武天皇が死去し、元明天皇が即位したあと、すなわち編纂の後期になると、アマテラスには元明天皇が、ニニギには首皇子が重ね合わされるようになっていったと考えている。したがって、アマテラスのモデルは第一に持統天皇、第二に元明天皇を、ニニギのモデルとしては、第一に軽皇子を、第二には首皇子を比定すべきだと考える。

## 「天壌無窮の神勅」の影響力

「天壌無窮の神勅」は、『日本書紀』には本文ではなく、一書（第二）として記された。それは、黛が推定したように、持統天皇と藤原不比等の意向を反映した記述であったと思われる。やがて、現実の政治過程が進展し、本当に首皇子が即位して天皇となった。聖武《しょうむ》天皇である。「天壌無窮の神勅」は、『日本書紀』が成立した時点ですでに大きな意味を持ったが、その後に実際の政治過程が進行すると、それに歩調を合わせるように、ますますその重要性を増していった。

七世紀末に開始された日本の天皇制度は、持統天皇から文武天皇へと継承され、元明天皇、元正天皇（文武の姉）がこれを継ぎ、聖武天皇へと継承された。日本の皇統は、天皇家と藤原氏の二つの家系が密接不可分に融合して形成されたが、それは藤原不比等の念願するところでもあった。以後、藤原氏と天皇家は、あたかもＤＮＡの二重らせん構造のように緊密に組み合わさって一つの複合体を形成し、それが明治維新まで継続されていった。七世紀末〜八世紀前期の女帝とその孫による皇位継承の姿は、『日本書紀』の天孫降臨の記述と呼応しあうものであり、草創期天皇制の一つの基本型を示すものであった。

「天壌無窮の神勅」は、その後、『古語拾遺《こごしゅうい》』や『先代旧事本紀《せんだいくじほんぎ》』など平安時代初期の書物で言及され、神祇祭祀の祝詞《のりと》にもこの神勅の一節と類似する文言が見られる。さらに鎌倉時代以降になると、『日本書紀』の注釈書である『釈日本紀《しゃくにほんぎ》』に見え、伊勢神道の神道五部書や、度《わた》会家行《らいいえゆき》『類聚神祇本源《るいじゅうじんぎほんげん》』、北畠親房《きたばたけちかふさ》『神皇正統記《じんのうしょうとうき》』で言及がなされ、さらに吉田神道や垂加《すいか》神道や水戸学の書物などでも言及されている［家永三郎 一九六六］。また、本居宣長《もとおりのりなが》（一七三〇～一八〇一）の思想にも大きな影響を与えたことが知られている［前田勉 二〇〇二］。

近代になると、先に述べたように、歴史教育でこの神勅が取り上げられ、大正期・昭和戦前期の「歴史（国史）」や「修身」の国定教科書では、神勅の文章自体が大きく取り上げられた。神勅は教育の世界で重視され、国家理念の一部を構成する役割を果たした。

この神勅をめぐっては、文末部分の「宝祚之隆当与天壌無窮者矣（宝祚の隆えまさむこと、天壌と無窮けむ）」という文章表現に漢文的な潤色が見られることが、早くから多くの学者によって指摘されてきた。賀茂真淵《かものまぶち》（一六九七～一七六九）、本居宣長、谷川士清《たにかわことすが》、河村秀根《ひでね》、河村益根《ますね》、久米邦武《くめくにたけ》（一八三九～一九三一）、津田左右吉らによる指摘がそれである。そうした研究成果を承けた家永三郎（一九一三～二〇〇二）は、この神勅の文章は中国の文献、それも外典《げてん》というよりはむしろ仏教文献の影響を受けているとして、具体的にこれと類似する中国仏教の願文の文言を指摘した。そして、この神勅は、中国仏教で語られた宝祚長久《ほうそちょうきゅう》（皇統が長く久しく続くこと）祈願の文言に影響されて作文されたものであると結論した［家永三郎 一九六六］。

家永の読解は実証的であり、中国のどの文献の文言を模倣したものであるかについてはなお議論の余地があろうが、これが中国文献の影響を受けて作文されているのはまちがいなかろう。

## アマテラス・高天原・天孫降臨思想の成立と天皇制度

『日本書紀』のアマテラスや天孫降臨をめぐる言説はいつ頃成立したものであろうか。筑紫中《つくしのぶ》真《ざね》は、アマテラスの誕生は七世紀末の持統三年（六八九）から文武二年（六九八）にいたる十年間のことであるとし、この間にプレ・アマテラスの段階から天皇家の祖先神としてのアマテラスへと成長していったと論じた［筑紫申真 二〇〇二］。

大山誠一は、「高天原《たかまがはら》」という概念がいつ成立したのかを検討し、この概念・用語の初見は『続日本紀』の冒頭、文武天皇元年（六九七）の文武天皇即位の詔であると指摘した［大山誠一 二〇〇三］。青木周平は、『万葉集』『古事記』『日本書紀』『風土記』の「高天原」の語を分析し、最初は「天原《あまのはら》」という語であったが、それが「高天原」の語へと発展していったと説き、「高天原」という用語の定着は持統朝が画期になっていると論じた［青木周平 二〇〇六］。

森博達は、「天照大神」は『日本書紀』のβ群に偏在して用いられており、β群は文武朝以降に書き始められたもので、「皇祖」としての「天照大神」は文武朝以降に成立したものだと論じている［森博達 二〇一四］。これらは、いずれも注目すべき重要な研究だと評価されよう。

さらに大山は、天孫降臨神話は次の三段階の過程を経て成立したものだと論じた。第一は草壁皇子の即位を計画、正当化しようとして神話の原型を造型した段階で、持統天皇三年（六八九）頃の作業であるという。第二は文武天皇の即位を正当化しようとした段階で、「高天原」の概念が作られ、持統天皇と軽皇子（文武天皇）をモデルにしてアマテラスと皇孫（天孫）ニニギが生み出された。これは持統天皇四年（六九〇）～文武天皇元年（六九七）の間の作業であるという。そして、第三は新たに首皇子（聖武天皇）擁立を計画した段階で、アマテラス、皇孫（天孫）の姿に元明天皇、首皇子が重ねられていった。それは元明朝における作業であるという［大山誠一 二〇〇九］。

これらの研究によって、高天原やアマテラス、そして天孫降臨神話が、いずれも七世紀末～八世紀初頭に構想、創作されたものであることが明らかになった。それは『日本書紀』が書き進められていく過程そのものであった。「天壌無窮の神勅」もその中で構想された。この神勅は、天皇制度が導入され、それにともなう諸制度が開始されるという新しい政治体制のもとで、〈時間の支配〉を行なう言説の一つとして創作されたものであった。

## 過去の唯一性

未来のあるべき姿を宣言し、未来を規定するということは、それに対応するようなあるべき過去の姿を設定するということになる。あるべき未来を構想、構築するには、それを必然化するような過去の経緯が必要になるからである。かくして〈あるべき未来〉をみことのりすることに対応して、〈あったはずの過去〉が要請され、それにそうように過去の創作がなされていった。

歴史は、そもそも、それぞれの立場によってとらえ方、描き方が異なるものである［大隅和雄 一九八七、一九九八］。Aという人にとっての過去と、Bという人にとっての過去は、共通する事実認識や評価も包含されるが、他方、事実認識自体もしくはその評価について、大きな、あるいはゆずることのできない違いが存在する場合が少なくない。そうした差異の存在は、むしろ歴史認識にとって一般的なことと言ってよい。だが、あるべき一つの未来を宣言するのであるなら、それに対応するような過去は一つでなければならず、複数の過去が存在するという事態は極力避けられねばならない。こうして複数の過去は統一、一元化され、唯一の過去が作成されていった。

## 神勅の意味

「天壌無窮の神勅」が宣言するのは、この国を王として統治するのはアマテラスの子孫であり、それが未来永劫にわたってこの国の君主になるということであった。それは、すなわち、①天皇家のみがこの国の君主になりうる家系であり、②未来永劫、他の家系がこの国の君主になることは認められない、ということである。この宣言を時間軸を逆方向にとって、過去の方に敷《ふ》衍《えん》していくとどうなるか。それは、①天皇家のみがこれまでこの国の君主であった家系であり、②無限の過去にさかのぼって他の家系がこの国の君主だったことはなかった、ということになるだろう。永遠の未来に対応するような永遠の過去。流れゆく時間のすべてを覆い尽くそうとする無限の時間観念。この神勅にはそうした思想が存在する。

無限の過去にさかのぼっていくとはどういうことか。過去へ、過去へとどんどんさかのぼっていけば、人間の時間の範囲を越えて、神々の時間の世界へと参入していくことになる。したがって、草創の時代の歴史を描くにあたっては、神々の世界の時間から現実の歴史世界の時間へと連続的に進展していく時間が説かれることになる。『日本書紀』では、そうした思想に基づいて、氏族たちの祖先の神が登場人物となる神代紀が作成され、天孫降臨によって神々の時代から人間の時代へ進み、また天皇家は神の子孫、神の血筋を引く家系として造形されることとなった。はるかに遠い太初の時代から、日本国は天皇家だけが君主として統治しており、そ家系が君主であったことはなかったとする過去が構想、創作されていった。『日本書はそうした時間思想、政治思想に立脚して作成された書物であった。『日本書紀』が「神話から歴史へ」という構成をとっているのは、そう読解してはじめて理解が可能になると私は考える。

それは、しかし、中国の皇帝制度を支える理念である「天命思想」とは大きく異なる思想と言わなければならない。中国では、天から「命」が下った者が天下を治めると考えた。いや、天下を統一した者こそが天から「命」が下った者だと考えた。一つの王朝を滅ぼして新たに王朝をひらいた者には天の「命」が下ったと考えたのである。ただ、中国の天命思想は、一つの王朝が成立したことの正当性を保障するが、しかし、永遠に継続する無限の時間を覆うものではなく、むしろ王朝交替を前提とし、王朝の交替を正当化する思想になっている。

日本は、中国の皇帝制度を導入するにあたって、この天命思想の部分を大きく改変、転換した。そして、天から命が下るという考え方を否定し、代わりに天の神の血筋を引く家系がこの地を統治するという考え方に組み替えた。そう変えてしまえば、「命」の移動、すなわち「革命」は否定されるだろう。天の神の血筋を引く家、すなわち天皇家だけが未来永劫にわたって日本を統治するとしたのである。こうして、神々の世界の最高神であるアマテラスは、天皇家の血筋上の祖先であるとする言説が創作され、『日本書紀』に記述されていった。

## 過去の支配

唯一の過去を制定すること――『日本書紀』編纂の目的はここにあった。編纂者たちに与えられた職務は天皇の歴史を書くことであったが、それはあるべき未来を宣言し、それに整合する唯一の過去を物語るという形で結実していった。この営みは〈歴史の制定〉であり、〈過去の支配〉と評価すべきものであったと考える。『日本書紀』が成立するまで、おそらくさまざまな集団がそれぞれの過去を語っていたものと推定される。だが、それらのほとんどはここで否定、消去されてしまった。

が述べたように、『日本書紀』の編纂開始について記す、天武十年（六八一）三月丙戌〈十天皇の詔に上古史を撰修《せんしゅう》することを「記定（記《しる》し定《さだ》む）」と表現している。この語には、歴史求められるものであることが集約されている。歴史の編纂にあたっては、さまざまな資料の提出が各方面に求められた。坂本太郎は、収集資料の中に、諸氏に伝えられた先祖の物語の記録（墓記）、地方諸国に伝えられた物語、政府の記録、個人の手記や覚書、寺院の縁起、百済《くだら》に関する記録があったことを指摘している［坂本太郎 一九五八、一九七〇］。

こうして集められた資料に対しては、しかし、編纂者たちによって取捨選択の作業がなされ、〈編集〉作業がなされ、つまり「記定」がなされていった。それまで、それぞれの集団で語られてきたそれぞれの過去は、この作業の中でかなりの部分が消去、改変、編集されてしまい、あわせて新たな創作と整合化が編纂者たちによって書き加えられていった。複数の過去が存在することは許されず、不要な過去は消し去られ、唯一絶対の歴史のみが文章化されて、公式の歴史として制定されていった。

## 書物の歴史の起点

『日本書紀』は権威ある書物であり、その存在感は巨大である。『日本書紀』以前にも、日本に何らかの書物が存在した可能性は高いが、今日、私たちはそれを見ることができない。奈良平安時代の史料に、その残像がほとんどうかがえないことからすると、それらは『日本書紀』の完成とともに早くに消えていったと理解すべきなのであろう。

日本の書物の歴史を考える時、最初の書物はどれとすべきなのだろうか。それは、研究の現段階では不明とするよりなく、天武《てんむ》や持統《じとう》の時代以前にも、王権が書物を作成した可能性があるし、特に仏教の伝播《でんぱ》以降には、何らかの文章あるいは書物が寺院で書かれた可能性があるが、その実相は不明と言うよりない。

ただ、ここで重要なのは、『日本書紀』が出来上がってからのちは、書物たちは『日本書紀』を基軸に書かれたということである。『日本書紀』をそのまま継承するか、あるいは依拠しつつ少しの付加をするか、さもなければ『日本書紀』に反発してそれとは異なる歴史を語ろうとするか、その態度は二、三に分かれるとしても、その後の書物は、『日本書紀』の存在を前提として書かれていった。〈『日本書紀』の呪縛〉のはじまりである。

書物の歴史にとって、『日本書紀』以前の時代は前史とすべき時代であり、日本の書物史は実質的には『日本書紀』を起点に展開していったと理解すべきである。私は、『日本書紀』の成立をもって、日本における書物の歴史の第一のピークであると位置づけたい。次いで『日本書紀』を継承あるいは論駁《ろんばく》しようとして、この書物を取り巻くようにいくつもの書物が作成された八世紀末〜九世紀を日本の書物の歴史の第二のピークととらえることができると考えている。

## 『古語拾遺』――『日本書紀』への異議申し立て

『古語拾遺《こごしゅうい》』という本がある。今は、それほど多くの人に読まれる本ではなく、学校で書名などが教えられることもないが、それでも文庫本で読むことができるし、日本の〈古典〉の一冊として取り扱われている。この書物は、江戸時代〜二十世紀には今よりずっとよく読まれており、複数の解説書が刊行されていた。飯田瑞穂《みずほ》によると、『古語拾遺』およびその注釈書の刊行は、江戸時代の元禄前後と明治の初年頃に高揚期があり、多くの本が世に出されたという

〔飯田瑞穂 二〇〇一〕。日本の神祇祭祀や神話、あるいは古代史を考える上で、かつては記紀に次ぐ重要書物と評価されていた。

『古語拾遺』は、大同二年（八〇七）、斎部宿禰広成《いむべのすくねひろなり》の撰《せん》である。大同二年は平城《へいぜい》天皇の時代で、前年の三月に桓武《かんむ》天皇が死去し、子の平城天皇に代替わりして一年近くが経過した時期であった。これは『日本書紀』に対抗し、『日本書紀』に異議申し立てするように書かれた書物であった。

## 忌部氏の台頭

著者の斎部広成の「斎部」は「忌部《いむべ》」と同じで「いむべ」である。ここで忌部氏がどのような氏族なのかについて説明しておきたい。忌部氏は中臣《なかとみ》氏と並んで神祇祭祀をつかさどる有力氏族であった。

七世紀末、忌部氏で活躍したのは、忌部首子人《いむべのおびとこびと》（子首《こびと》、また首《こびと》とも）で、壬申《じんしん》の乱で大海人《おおあまの》皇子《おうじ》（のちの天武）の側について活躍し、新政権にとりたてられた。天武九年（六八〇）には弟の忌部首色弗《いむべのおびとしこぶち》とともに「連《むらじ》」のカバネが授与されたが、これは天武朝における活発な賜姓《しせい》（カバネを授与すること）の最初であった。次いで、同十三年（六八四）には、忌部連氏は、大伴連、佐伯連、安曇連、尾張連などの五十の氏族とともに「宿禰《すくね》」のカバネを授与された。こうして忌部氏は「首《おびと》」から「連」そして「宿禰」へとカバネを上昇させていった。天武朝はカバネの制度が整備された時代であり、忌部氏への賜姓は大きな政治的意味を持つものであった。

また、忌部子人（首）は『日本書紀』の編纂《へんさん》メンバーに入れられており、中臣大島《なかとみのおおしま》らとともに、巻一、巻二の神話の部分をはじめとして同書の執筆に深く関与した。

### 忌部氏の活躍と「斎部」への改名

『日本書紀』は、持統天皇の即位について、

> 四年春正月の戊寅の朔に、物部《もののべの》麻呂《まろの》朝臣《あそみ》、大盾《おおたて》を樹《た》て、神祇伯中臣大島朝臣、天神寿詞《あまつかみのよごと》を読む。畢《おわ》りて忌部宿禰《いむべのすくね》色夫知《しこぶち》、神璽《しんじ》の剣・鏡を奉上《たてまつ》る。皇后、天皇の位に即く。

と記している。持統が統治を開始（いわゆる「称制」）して四年（六九〇）の正月一日、彼女は「天皇」として即位した。その儀礼では、物部氏が大盾を立て、中臣氏が天神寿詞を読み、忌部氏が神璽の剣・鏡をたてまつったという。この話は『日本書紀』編纂と同時代の記事であり、

また筆頭に物部氏の活躍に関する記述があるが、『日本書紀』編纂のメンバーには物部氏は参加していないから、歴史的事実を伝える記事と読んでよいだろう。

忌部氏については、日本の律令にも規定が見える。神祇祭祀について定めた一編「神祇令《じんぎりょう》」には、「践祚《せんそ》の日には中臣、天神の寿詞《よごと》を奏し、忌部、神璽の鏡・剱をたてまつれ」とある。これは『養老令《ようろうりょう》』の条文で、『大宝令』の条文は定かではないが、令の条文では物部による儀礼がなくなってしまっている。おそらくは『大宝令』の成立まで、あるいは『養老令』の条文策定までの間に物部氏が力を失い、同氏による儀礼が消えてしまったものと理解される。

「神祇令」には、また、祈年祭《としごいのまつり》、月次祭《つきなみのまつり》といった国家の祭祀において、中臣氏が祝詞《のりと》を読み、忌部氏が幣帛を班《わか》つとする規定がある。幣帛とは「ミテグラ」と訓《よ》み、神への捧《ささ》げものの意で、榊《さかき》にヌサと呼ばれる糸(または布製品)を垂らしたものが一つの典型的な姿であったという[西宮秀紀 二〇〇四]。さらに、『延喜式』によるなら、国家の祭祀のうち、大殿祭《おおとのほがい》、御《み》門祭《かどほがい》では、忌部氏が祝詞を読むこととされており、この二つの祭では、忌部氏が主担当をつとめていたことが知られる。

しかし、忌部氏は、八世紀中期~後期になるとしだいに力を弱めてしまい、中臣氏の後塵《こうじん》を拝するようになってしまった。両氏は神祇祭祀の挙行にあたって、協力関係というよりはむしろライバルの関係にあった。特に、伊勢の幣帛使をどうつとめるかをめぐって対立し、互いに訴訟（「相訴」）を起こして争った。

その訴訟の最中、延暦二十二年（八〇三）三月、忌部宿禰《いむべのすくね》浜成《はまなり》らは「忌部」から「斎部」へと名を改めた（『日本後紀《こうき》』逸文）。名前の表記を改めることによって、何とか劣勢を挽回する一助にしようと考えたのであろう。以後、中央の忌部氏の本流は「斎部」を名乗るようになった。

## 忌部氏と中臣氏の争い

忌部氏と中臣氏との訴訟は、直接的には伊勢の幣帛使を中臣氏がつとめるのか、それとも両氏がともにつとめるのかをめぐる争いで、一度だけでなく、少なくとも三回以上の複数回にわたった。伊勢神宮は、天皇制度を開始した日本が最重要と位置づけた神社で、天皇の先祖と定めたアマテラスをまつる神社である。幣帛使とは、奉幣使《ほうへいし》ともいい、朝廷が神に幣帛をたてまつる時の使者で、伊勢に幣帛を捧げる使者は、神祇祭祀に携わる氏族にとって最も格式の高い重要な職務となるものであった。

『続日本紀《しょくにほんぎ》』の天平七年（七三五）七月庚辰〈二十七日〉条によると、忌部宿禰虫名《むしな》、鳥麻呂《とりまろ》らが幣帛使の任命について訴え出、政府は時々の「記」を検じて、忌部を幣帛使にすることをゆるしたという。両氏のたび重なる訴訟については西宮一民の研究が詳しい［西宮一民 一九八五］。この時、忌部氏は「時々の記」を根拠書類として提出し、それが証拠として認められて、忌部氏も伊勢の幣帛使に任命されることになった。以後、『続日本紀』によると、七四〇年、七四九年、七五六年と中臣、忌部の両氏が伊勢の幣帛使に任命されている。

しかしながら、『続日本紀』天平宝字元年（七五七）六月乙未〈十九日〉条によると、この時「制」があって、伊勢太神宮の幣帛使には今後は中臣朝臣のみをつかわし、他姓の人は用いないとする決定がなされた。おそらく、今度は中臣氏の側から訴えがあり、何らかの証拠書類が認められて、伊勢の幣帛使は中臣氏のみがつとめることと決定されたものと思われる。

ただ、その後の幣帛使の実際の任命を見てみると、忌部氏も中臣氏とともに伊勢の幣帛使に任じられており、何らかの政治的働きかけによって、忌部氏は幣帛使の職務を守ったものと考えられる。七五八年、七五九年、七六二年、七九一年の奉幣では、忌部氏も中臣氏とともに伊勢に赴いている。『古語拾遺』は、この天平宝字元年の「制」について「其《そ》の事行なはれずと雖《いえど》も、なほ官の例《れい》に載する所にして未《いま》だ刊《けず》り除かれず」（原漢文）と記しており、この決定が実際には実施されなかったことを述べるが、同時に、それにもかかわらず政府の「例」（法令集）に削除されずに掲載されているのはけしからんと述べて、苦情を申し立てている。

こうして忌部氏は自氏の職務を守ってきたが、しかし時が進み、延暦十三年（七九四）になると、中臣氏のみが伊勢の幣帛使に派遣されており、忌部氏ははずされてしまっている。また、同十八年（七九九）の伊勢太神宮の正殿の改作においても中臣氏のみが伊勢に赴いている。これらは忌部氏には我慢のならないことであり、ついに再々度の訴訟が大同元年（八〇六）の間までに起こった。

## 忌部氏と中臣氏の訴訟

『日本後紀』大同元年八月庚午〈十日〉条には、両氏の「相訴」のことが詳しく記されている。今、原漢文を現代語訳して示そう。次のようである。

中臣氏と忌部氏の両氏が各々を訴えた。中臣氏は、忌部氏はもともと幣帛を造る氏族であって、祝詞を申し上げる氏族ではないから、幣帛使とするべきではないと主張した。これに対して忌部氏は、奉幣・祈禱《きとう》は忌部の職であるから忌部を幣帛使とするべきであって、中臣氏は祓使《はらえのつかい》とすればよいと主張した。両者の相論は各々に論拠とするところがあった。この日、平城天皇の勅命による裁定があった。『日本書紀』によるなら、「天照大神《あまてらすおおみかみ》が天《あまの》磐戸《いわと》を閉じた時、中臣連の遠祖の天子屋命《あめのこやねのみこと》と、忌部の遠祖の太玉命《ふとたまのみこと》は、天香山《あめのかぐやま》の五百《いお》箇《つ》真坂樹《まさかき》を掘って、上の枝に八坂瓊《やさかにの》五百《いお》箇《つ》御統《みするま》を懸け、中の枝に八咫鏡《やたのかがみ》を懸け、下の枝に青和幣《あおにきて》・白和幣《しろにきて》を懸けて、ともに祈禱をした」とある。そうであるなら、祈禱は中臣・忌部が並んで担当せよと。

この相論で、忌部氏は中臣氏を幣帛使からはずせとまで要求したが、さすがにそれは認められなかった。それでも判決は忌部氏の希望がほぼかなえられたものとなり、これ以後、幣帛使は中臣・忌部の両氏がともにつとめることとなった。これは忌部氏にとって満足のいく結果であった。この訴訟の証拠とされたのは『日本書紀』であった。

## 証拠としての書物――『日本書紀』の力

中臣・忌部両氏の一連の相論で注目されるのが、書物の力である。最初の忌部虫名・鳥麻呂による訴訟の際には、時々の「記」が検じられ、それが認められて忌部氏の主張が通った。この「記」は、忌部氏が証拠として提出した、歴史・神話を記した書きものだと考えられる。その記述が真実とされるためには、それが正しい文献だと認められる必要があった。その正しさとは、この時代、文献の古さに求められた。古文献、古い文字資料、古い書きものこそが正しさの根拠とされた。

ただし、注意しなければならないのは、それが本当に古い文献だったのか、それとも古く見せかけただけのニセの文献だったのかである。当時の政府は慎重にその真偽を検証したに違いない。そして、その記述の全部または一部を真と認定した。しかし、それが妥当な認定だったのかどうかは今日からは判別不能で、不明とするよりない。いずれにせよ、この時、政府によって時々の「記」は正しい古文献だと認められ、忌部氏は勝利した。

それとあわせて、いやそれ以上に注目されるのは、『日本書紀』の抜きんでた力である。大同の相論の時には、『日本後紀』に「彼此相論して各《おのおの》拠《よ》る所有り」と記されるように、中臣・忌部の両氏が論拠となる証拠書類を提出した。しかし、判決ではそれら両者の拠る所の文献は決定的な証拠とは認められず、『日本書紀』の記述を根拠として裁定がなされた。『日本書紀』巻一の第七段（正文）には、「勅命」が引用する文章がたしかに記されている。『日本書紀』は最高の権威を有する書物としてこの裁定の根拠に用いられた。

中臣氏と忌部氏の争いは、それぞれの氏族の浮沈をかけた政治闘争だった。それは、現在の問題をめぐる争いでありながら、具体的には歴史および神話の理解、すなわち歴史認識が争点になった。歴史の認識は政治問題そのものであった。そして、その争いに最終的な決着をつけたのは『日本書紀』という絶大な力を持つ書物であった。

## 『古語拾遺』の序文

大同元年（八〇六）の相論で勝利を得た斎部（忌部）氏は、翌二年（八〇七）、斎部広成が『古語拾遺』を著わして平城天皇にたてまつった。この書物の撰述《せんじゅつ》の目的についてはいくつかの見解があるが、私見では、不安定な斎部氏の地位、職務を確実で安定したものにするために、歴史認識についてはっきりとした理解を示しておくことにあったと考える。自らの理解する歴史を示し、自分たちから見て賛同・納得できない歴史認識を批判することに撰述の目的があり、国史に叙述された歴史を修正しようと考えてこの書物が作成、提出された。

『古語拾遺』の冒頭部分（本書では仮に「序文」と呼ぶ）は大変面白い。原漢文を現代語訳して次に示そう。

　聞くところによると、上古の世のまだ文字がない時代は貴賤老少が口承で古《いにし》えの言行を伝え、忘れることがなかった。文字による書きものの時代になると、古えを談ずることは好まれず、表面の華やかさばかりが競われ、他方、旧いことや老人は嗤《わら》われている。人々の関心は世を経るごとにいよいよ新しいものへとうつり変わり、世事も代をおうごとに改変されている。顧みて、「故実」（昔のしきたり）を問うてもその根源はわからなくなってい る。「国史」「家牒《かちょう》」（国家の歴史書や家の記録）には、それらの由来が記載されているが、しかし、一二の委曲《いきょく》（詳しい内容）についてはなお記載に遺漏が見られる。ここで愚臣（私）が申し上げなくては、恐らくは、今後、もう絶えて伝わることがないだろう。幸いなことに、平城天皇から召し問われたこの機会に、「蓄憤」（蓄積した鬱憤《うっぷん》）を述べたいと考える。「旧説」を録して天皇にたてまつる次第である。

この序文は、格調高い漢文で記されるが、その口吻《こうふん》は時に強く、激しいものになり、長く蓄積した鬱憤をはらそうとする気迫を感じさせる文章になっている。そこでは、かつて歴史や故実が口承で語り継がれた時代があったこと、そして「古」や「旧」に価値を認めるべきであることが説かれる。また、「国史」や「家牒」には重大な漏れがあることが指摘され、それらに書かれていないことを詳しく記述する旨が宣言されている。

ここで私たちは、著者の言い分に耳を傾けつつ、しかしそれをどの程度認めるかについて熟慮する必要がある。彼が説くのは、「国史」や「家牒」、具体的には『日本書紀』や、中臣氏など貴族の家々の記録には遺漏があり、他方、自らのところ（斎部氏）には、それらには書き記されていない歴史の重要事項が伝えられており、それは文字以前の口承の時代から語り伝えられてきた「古」の真実であるという主張である。これがそのまま認められるなら、『古語拾遺』には『日本書紀』に書かれていない、『日本書紀』以前の歴史認識や神話が記されているということになろう。

しかし、前年まで歴史認識をめぐって中臣氏と争い、最終的には『日本書紀』を根拠に判決を受けた氏族が説く、この言い分をそのまま認めることはむずかしい。私たちは、『古語拾遺』を、「国史」や他家の「家牒」に対抗し、それらとは異なる斎部氏の歴史認識を提示しようとした書物として読まなければならない。

## 『古語拾遺』の概略

『古語拾遺』をひもとくと、天地開闢《かいびゃく》からはじまり、神々の誕生、天照大神と素戔嗚神《すさのおのかみ》の物語、天石窟《あまのいわや》ごもり、素戔嗚神の追放、大己貴神《おおなむちのかみ》の話、天孫降臨《てんそんこうりん》と天壌無窮《てんじょうむきゅう》の神勅《しんちょく》などへと話が続いていく。そして、神武《じんむ》天皇の東征、正殿の造営のこと（斎部氏の祖先によるとする）、祭祀具の作成のこと（斎部氏の祖先によるとする）、即位の儀のこと（大伴、物部、斎部氏の祖先の活躍について触れるが、中臣氏の祖先の活躍については記述せず）、神祇祭祀のこと（中臣・斎部の二氏がともにつかさどったとする）などについて縷々《るる》説明がなされる。

続けて、崇神《すじん》天皇、垂仁《すいにん》天皇、景行《けいこう》天皇、神功《じんぐう》皇后、応神《おうじん》天皇、履中《りちゅう》天皇、雄略《ゆうりゃく》天皇、推《すい》古《こ》天皇、孝徳《こうとく》天皇、天武天皇の時代の歴史が語られ、大宝時代、天平時代の歴史について言及がなされる。そして、全体の総括として、天孫降臨から神武東征にいたるまで、主君のおともをして尽力した神々の名は「国史」に明瞭に顕れているから、その後裔氏族の功績をたたえ、彼らを国家の祀典《まつり》に参与させなければならないのに、現実にはそこからはずされてしまって恨みを懐《いだ》いているものがいると論じている。ここには、この書物の執筆の目的が端的に表明されている。

ここで神話と歴史の記述はひとまず終わりとなるが、それに続けて、「所遺（遺《も》りたるところ）」なるものが一から十一まで、全十一項目にわたって記述される。この「遺りたるところ」とは、国史から遺れて（漏れて）しまっているものという意味で、そうした重要事項が『日本書紀』の記述から漏れているのは嘆かわしいとして、「蓄憤」をぶちまけるように十一項目もの指摘がなされる。ここは『古語拾遺』が最も主張したかったところであり、同書の眼目となる部分である。さらに、その後に御歳神《みとしのかみ》のことについて言及がなされ、跋文《ばつぶん》が付されて終わる。

## 『古語拾遺』の性格

『古語拾遺』の語る神話と歴史の大筋は、『日本書紀』の骨格をそのまま受け継ぐもので、特に大きな違いはない。天地開闢からはじまり、神々の誕生、アマテラス、スサノヲなどの神々の物語へと展開する基本ストーリーにしても、神武天皇から天武天皇にいたる歴代の天皇の名や順序にしても、全く『日本書紀』を踏襲するものになっている。したがって、『古語拾遺』が語る神話と歴史は『日本書紀』の枠組を踏み出すものではない。しかし、広成は、「国史」に語られる歴史には重大な遺れがあって、憤懣《ふんまん》やるかたないと述べる。

では、どこがどう違うのか。それは斎部氏の祖先の神の活躍や、斎部氏および連携する氏族の活躍の記述に遺漏があって許すことができないというのである。十一項目にわたる「所遺」を見ると、アマテラスをまつる氏族は中臣氏、斎部氏、猿女《さるめ》氏であるのに中臣氏が独占しているのはけしからんとか、幣帛を奉るのは中臣、斎部両氏の職務であるのに中臣氏が独占しているのはけしからんなどと説く。また、神殿の造営は斎部氏の職務であるのに、伊勢神宮、大《だい》嘗祭《じようさい》の由紀《ゆき》殿・主基《すき》殿の造営に斎部氏を担当からはずすのはけしからんとか、大殿祭、御門祭は斎部氏の職務であるのに、宝亀年中（七七〇〜七八一）以来、中臣と斎部の両氏の職務になってしまったのはけしからんなどと述べる。さらに、熱田社、猿女氏、鏡作《かがみつくり》氏などの斎部氏と連携する神社、氏族について、神話時代以来の過去の活躍に比して現在は正当な職務を与えられていないという不満を述べている［浅岡悦子 二〇一四］。

そこで、同書をあらためて見ると、斎部氏の祖先の神である太玉命がアマテラスの天石窟ごもりの時に諸部の神を率いて活躍したなどの貢献の様子や、正殿を造営したり、大殿祭の祝詞を担当したなどの貢献の様子が詳しく記されていることに気づく。また、斎部氏と連携する大伴氏の祖神である天忍日命《あめのおしひのみこと》を大きく描き、尾張国の熱田社とその草薙剣《くさなぎのつるぎ》について記し、それにもかかわらず熱田社が未だ礼典に参与されないことは不当であるなどと主張している。

このように、『古語拾遺』は、神話・歴史の大筋は『日本書紀』に拠りながら、細部では斎部氏の祖先の神の活動を書き込み、中臣氏の祖先の神の活動を小さく記述している。また、連携する氏族や神社を大きく描いている。したがって、それは『日本書紀』の枠組の中にありながら、自氏および連携者たちの権益をより大きく主張する歴史叙述になっている。

考えてみれば、斎部氏は『日本書紀』の作成スタッフに忌部子人（首）を送り入れ、いくつかの妥協はあったにせよ、自氏に有利な歴史叙述を作ることができた。だから大枠としての『日本書紀』を否定するような考えはもとよりない。しかし、その後の百年ほどの歴史の中で氏族としての力を弱めてしまったので、あらためて『古語拾遺』を作成して、さらに自氏に有利になるような修正的な歴史認識を示し、権益の確保と拡張を図ったのであろう。

その際、口承で伝えられてきた「古」「旧」の説であることが正しさの論拠になると考えたので、序文でこの思想を全面的に展開した。それは、『日本書紀』を修正しようとするには、『日本書紀』よりも「古」「旧」の伝えでなければ認められないという価値判断を反映した主張と理解されるだろう。

# 第七章　国史と〈反国史〉〈加国史〉

## 貴族の家の地位と歴史

八、九世紀は貴族の地位が世襲される時代であった。親から子へ、子から孫へと、地位、権力、あるいはその家独自の職務などが継承されていった。力と富がある家では、それが先祖の功績によるものであることがきちんと認識されており、家の当代の中心人物たちはそのことを先祖たちに感謝しつつ、そのアドヴァンテージを正しく子孫に伝えていかなければならなかった。力と富の源泉には過去の事績、すなわち歴史があり、それを記した歴史叙述は国家にとってのみならず、それぞれの家にとって重要なものであった。

その歴史叙述の中心には『日本書紀』があった。八、九世紀の貴族の家の地位や権力は、多くは七世紀末の天皇制度の成立とともに成立あるいは確立したものであり、それ以前からの伝統的権力を引き継いでいる場合も、その時点で大幅な再定義がなされていた。そのことは、具体的には種々の思惑や見解の相違を内包しつつも、『日本書紀』に〈歴史〉という表現形式で叙述されていた。

『日本書紀』のような国家が記し定めた歴史叙述は、この時代「国史」と呼ばれた。だが、人々に語られ、記される歴史はそれのみではなかった。『日本書紀』とは別に、それぞれの家において家の歴史がしばしば記された。それは、「家牒」「家伝」「家記」、あるいは「氏記」「氏文《うじぶみ》」「記文」などと呼ばれた。

前章で見た『古語拾遺』の序には「家牒」の語が用いられ、「国史」とあわせて「国史家牒」というような言い回しで使われていた。後述する、延暦九年（七九〇）の菅野真道《すがののまみち》の上表文でもこの「国史家牒」の語が用いられており、坂本太郎は、「国史家牒」という言葉はこの頃の流行語であったらしいと述べている［坂本太郎　一九七〇］。

## 藤原仲麻呂の『家伝』

代表的な貴族である藤原氏も家の歴史を作成した。『家伝』あるいは『藤氏家伝《とうしかでん》』と呼ばれる書物がそれである。この書物は、上下二巻で、上巻には中臣鎌足《なかとみのかまたり》（藤原鎌足）の伝、下巻には藤原武智麻呂《むちまろ》の伝を収める。上巻末尾の記述によると、本書には別巻として、沙宅昭明《さたくしょうみょう》という渡来人の学者が書いた鎌足の碑文を収めていたというが、今には伝わらない。また、鎌足の子の貞慧《じょうえ》の伝と、同じく鎌足の子の藤原不比等《ふひと》の伝が別にあったというが、このうち貞慧伝は今日に伝わるも、不比等伝は散逸して伝わらない。

『家伝』を作ったのは藤原仲麻呂（七〇六～七六四）で、上巻は仲麻呂自身が文章を執筆し、下巻は仲麻呂家の家僧であった延慶《えんぎょう》が執筆した。仲麻呂は八世紀中頃の有力政治家で、権力の中心に立つと、恵美押勝《えみのおしかつ》という名を名乗った人物である。『家伝』は、この仲麻呂の意向によって、藤原氏全体の祖と位置づけられる鎌足の伝、および仲麻呂の父で南家の祖となる武智麻呂の伝を収める。佐藤信が説いたように、『家伝』は鎌足にはじまり、不比等、武智麻呂、仲麻呂と系譜する南家・恵美家に関する記述を重視しており、この立場からの家の伝になっている［佐藤信　一九九九］。

藤原氏は天皇制度を中心になって樹立した貴族であり、『日本書紀』編纂にも藤原不比等がその中枢に関わっていたと思われるから、仲麻呂としても『日本書紀』の記述に根本的な不満があるわけではない。沖森卓也・佐藤信・矢嶋泉による『家伝』の校訂本［沖森・佐藤・矢嶋　一九九九］には、付編として「『家伝』鎌足伝・『日本書紀』対照表」が収められているが、それを見ると、両書には同一の文章・表現が多く、鎌足伝が基本的に『日本書紀』に依拠して書かれていることが知られる。

## 系図2　藤原不比等をめぐる系譜

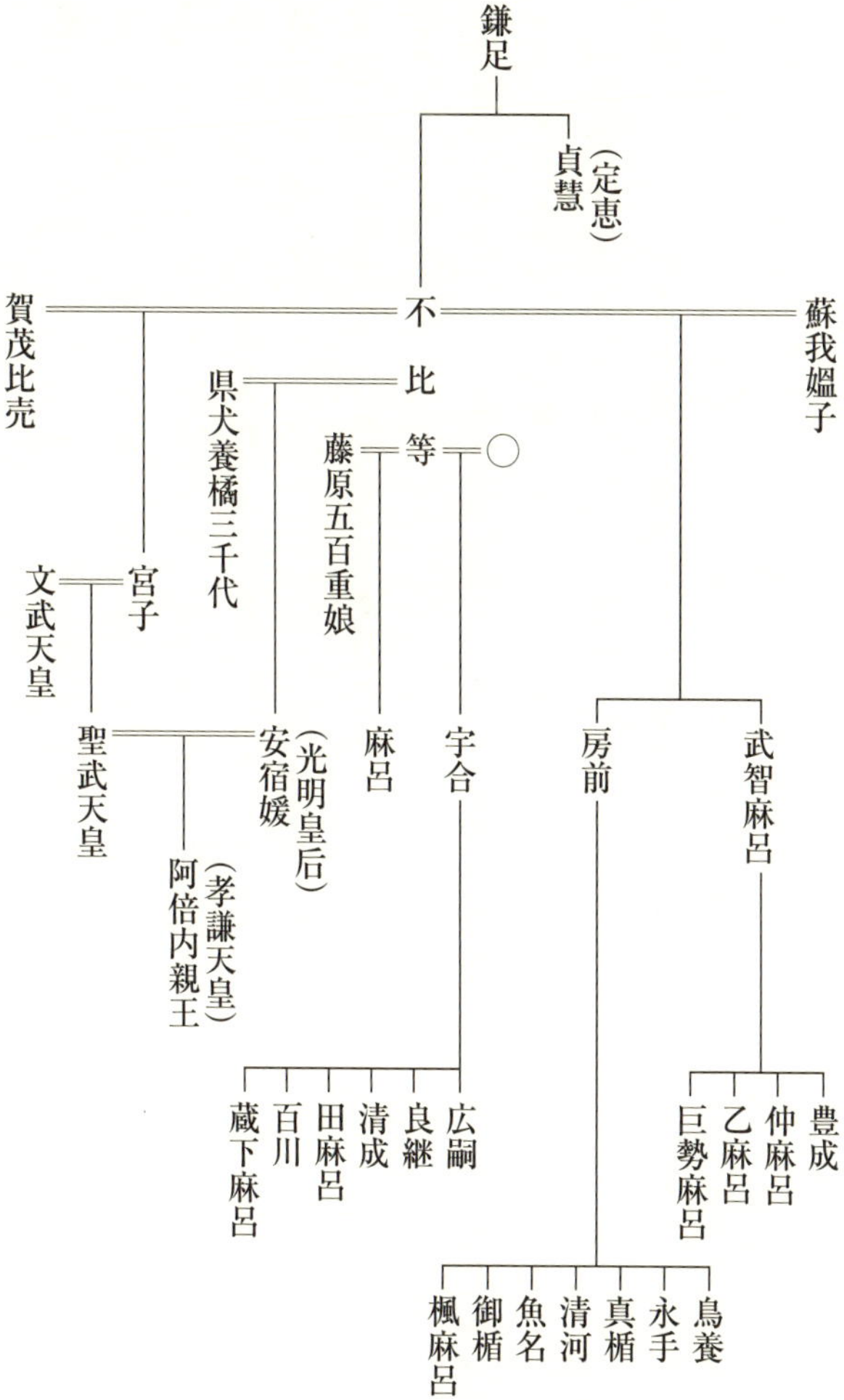

## 〈反国史〉と〈加国史〉

それでも、鎌足伝には『日本書紀』とは異なる記述がある。佐藤信によると、鎌足に総計一万五千戸もの莫大《ばくだい》な数の封戸《ふこ》が与えられたとすること、鎌足に「公」という爵位が与えられたとすることはどちらも『日本書紀』に見えないが、しかしこの封戸の数は事実を伝えるものとは評価できず「横田健一　一九七三」、また「公」なる爵位が与えられたというのも事実とはみなせないという「佐藤信　一九九九」。それらは鎌足の人物像を実際よりも大きく見せるための虚飾であった。

藤原仲麻呂の『家伝』は、藤原氏全体の「氏文」ではなく、南家・恵美家の家の文であり、またそれは、『日本書紀』の記述に反論した〈反国史〉の書ではなく、『日本書紀』の記述に自らに有利な記述を盛り加えた〈加国史〉の書物と評価されるだろう。

〈反国史〉とは国史の記述に反論して、それとは異なる歴史を記すこと。〈加国史〉とは国史の記述を認めつつ、それに独自の記述を書き加えて歴史を飾ることである。この二つについてはのちにまた説明する。

## 貴族たちの改姓の論拠

八、九世紀、貴族の家の中には、政府に改氏姓を願い出て、それが認められてウジ名やカバネの変更がなされることがあった。その際、その論拠となる書類として、しばしば「家牒」「古牒」「家記」「氏記」などが提示された。『続日本紀』から『日本三代実録』にいたる国史には、そうした事例が散見する［佐伯有清　一九八四、磯前順一　二〇〇九］。

今、『続日本紀』から二例紹介しておきたい。一つは延暦九年（七九〇）七月辛巳《しんし》〈十七日〉条の百済王仁貞《くだらのこにきしにんじょう》、津連真道《つのむらじまみち》らの上表で、これによって彼らには「菅野朝臣」が賜姓された。原文が長文にわたるので、現代語訳して要約して示そう。次のようである。

> 百済王仁貞、百済王元信《げんしん》、百済王忠信《ちゅうしん》、津連真道らが言上するには、真道らの「本系」は百済の貴須王より出ている。百済の大祖は都慕大王《とぼだいおう》で、「日神霊《ひのかみのれい》」を降《くだ》して誕生した人物で、扶余《ふよ》を根拠地に国を開き、諸々の韓の国を併合して王となった。その後、近肖古《きんしょうこ》王《おう》の時代から貴国（日本のこと）に渡来するようになったが、それは神功皇后が摂政の時代のことであった。さらに、応神天皇の時代に上毛野氏の遠祖の荒田別《あらたわけ》が百済につかわされて、有識者が求められると、貴須王は孫の辰孫王《しんそうおう》（一名は智宗王《ちそうおう》）を派遣し、儒教など

の書籍が日本にもたらされ、文教が興隆した。仁徳《にんとく》天皇は辰孫王の長子の太阿郎王《たあろうおう》を近侍させ、その子が亥陽君《がいようくん》で、その子が午定君《ごじようくん》である。そして、その子に味沙《みさ》、辰爾《じんに》、麻呂の三男があって、ここで分かれて三姓となった。それが葛井《ふじい》氏、船《ふね》氏、津《つ》氏である。敏達《びだつ》天皇の時代、王辰爾《おうじんに》は誰も読めなかった高句麗《こうくり》からの烏羽《からすのはね》の表（烏の羽に文字を書いた表）を読み解き、天皇は東西の諸々の史（朝廷の記録等を担当した渡来系氏族）たちも王辰爾にはおよばないと賞賛された。これらのことは、「国史」「家牒」に詳しく記載されている。どうか連のカバネを改めて朝臣を賜ってほしいと願い出た。勅があって、この願いが認められて「菅野朝臣」が賜姓された。

もう一つは、翌年の延暦十年（七九一）正月己巳《きし》〈八日〉条の忍海原連魚養《おしぬみはらのむらじうおかい》らの言上で、これによって彼らには「朝野宿禰《あさののすくね》」が賜姓された。次のようである。

忍海原連魚養らが言上するには、謹んで「古牒」を検ずるに、魚養らの祖は葛城襲津彦《かつらぎそつひこ》の第六子の熊道足禰《くまじのすくね》である。しかし、天武十年に、熊道足禰の六世の孫の首麿《おびとまろ》に、不当に評価が低い「連」のカバネが賜姓されてしまい、それ以来、再三訴え出たのにカバネの変更が認められず、低いカバネに甘んじ、仲間外れにされてきた。そのカバネをやめて「朝野宿禰」を賜ることができれば、前（祖先）をてらし、後（子孫）を栄えさせ、生者も死者もともに喜ぶところである。なお、この「朝野」というのは本の名である。どうか変更を認めてほしいと願い出た。政府はこれを認め、魚養らに「朝野宿禰」が賜姓された。

前者では、改姓の論拠となる書類として、「国史」「家牒」が提示されている。百済王氏、津連氏が提出した「家牒」には、自分たちの祖先が百済の貴須王であることをはじめとして渡来以来の貢献の歴史が縷々記述されていたものと思われる。ここの「国史」は『日本書紀』を指しており、たとえば高句麗からの烏羽の表を王辰爾が一人読み解いたという話（烏の羽に黒い文字で書いてあった上表文を飯の湯気で蒸して帛《はく》に押し当てて写し取り、読解したという話）は、同書敏達元年五月条に記載されている説話である。

一方、後者の忍海原氏の言上では、「古牒」という語が用いられている。これは自分たちが提示した書きものが古い伝えを記述したものだという、言上の正当性を主張したキーワードである。

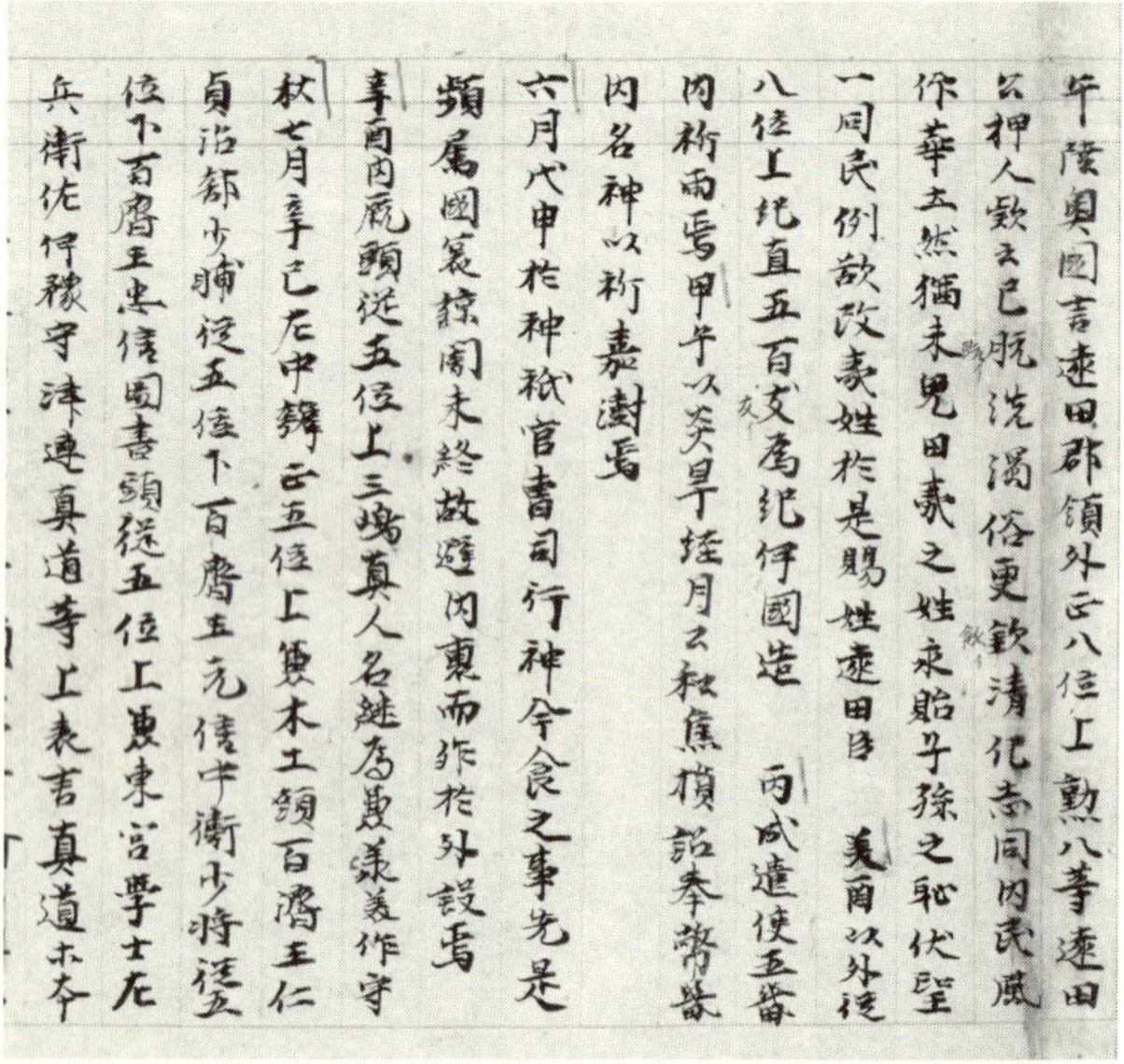
牟陸奥国言遠田郡領外正八位上勲八等遠田
公押人款云已既洗濁俗更欽清化志同内民風
仰華土然猶未免田夷之姓永貽子孫之恥伏望
一同民例欲改夷姓於是賜姓遠田臣　癸酉以外従
八位上紀直五百友為紀伊国造　丙戌遣使五畿
内祈雨焉甲午以炎旱経月苗稼焦損詔奉幣畿
内名神以祈嘉澍焉
六月戊申於神祇官曹司行神今食之事先是
頻属国家諒闇未終故避内裏而於外設焉
辛酉内厩頭従五位上三嶋真人名継為兼美作守
秋七月辛巳左中弁正五位上兼木工頭百済王仁
貞治部少輔従五位下百済王元信中衛少将従五
位下百済王忠信図書頭従五位上兼東宮学士左
兵衛佐伊予守津連真道等上表言真道等本系

『続日本紀』巻四十　名古屋市蓬左文庫所蔵　重要文化財　鎌倉時代

## 渡来人の歴史と菅野真道

　ここで、前者の上表文を書いた津真道（菅野真道、七四一～八一四）について触れておきたい。津氏および葛井氏、船氏は、河内国丹比郡野中郷を本拠地とする百済系の渡来人集団である。津真道は八世紀後期～九世紀初頭の貴族で、桓武天皇の母と同じ百済系ということもあって桓武天皇にとりたてられ、側近の一人として活躍した。真道は菅野朝臣への改姓を許され、また『続日本紀』の撰修《せんしゅう》を命じられてその編纂事業の中心に立ち、

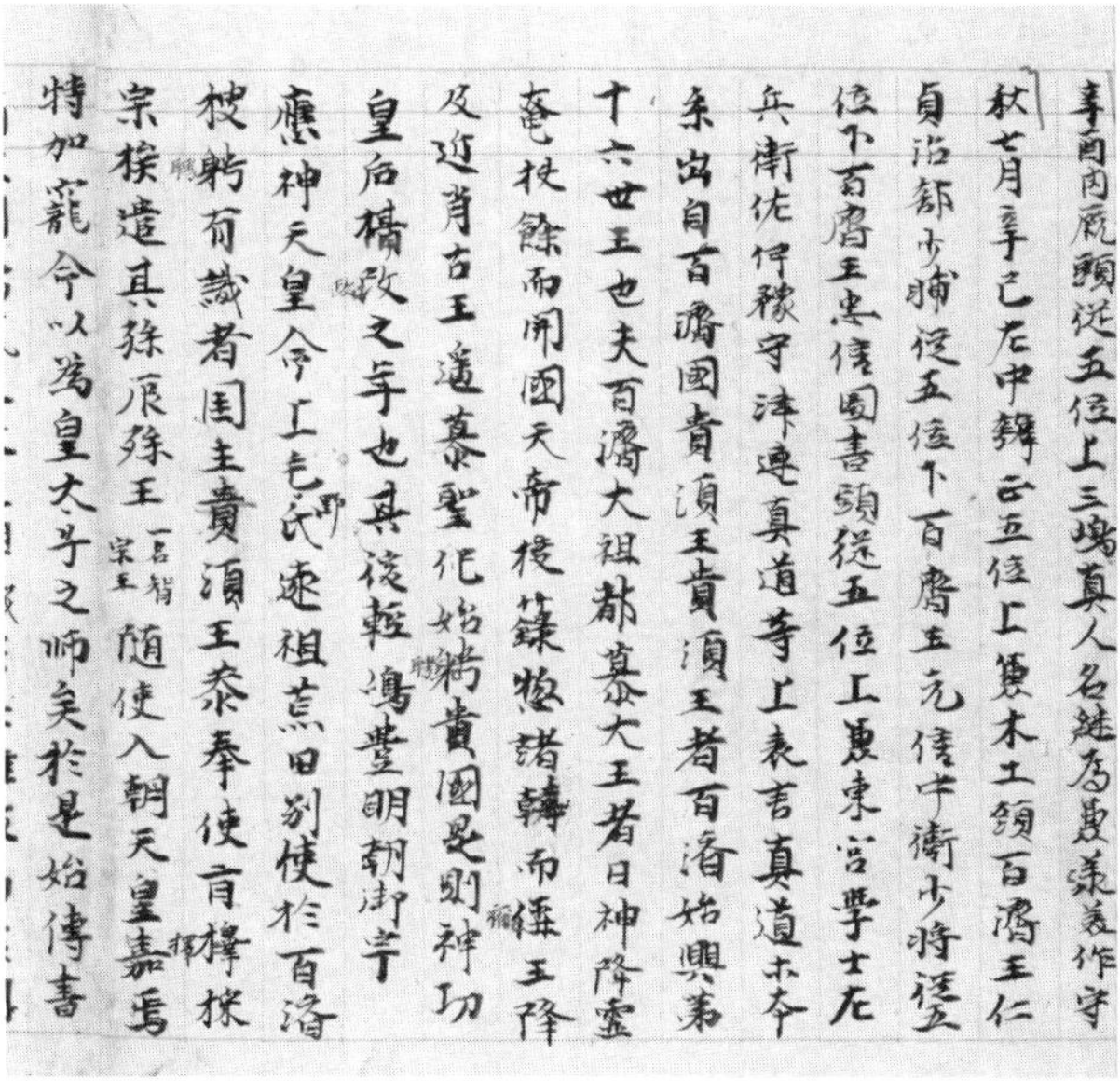

『続日本紀』　同前

諸官を歴任して参議に任じられ、従三位の位階にまで昇進した。

その真道がこの上表文で述べた津氏の歴史は、しかしながら、近年の渡来人研究の成果によるなら、歴史的事実を伝えるものとは言えないという。加藤謙吉によるなら、河内国丹比郡野中郷を本拠地とするこの三氏が渡来系の氏族であることはまちがいないが、しかし三氏がもとは一つでそれが三つに分化したというのは事実ではなく、別個の三グループが擬制的に血縁集団だと称して、もとは同じ一族だったとする系譜をのちになってから作ったのだという。三氏の同族組織の形成は七世紀後期のことと考えられるという〔加藤謙吉 二〇〇二〕。そうであるなら、この三氏が百済の王族にはじまっているとする歴史自身が、後代から創作されたものだということになる。真道は、しかし、そうした歴史を主張して津氏の権益を確保し、改姓を実現した。それは彼の大きな業績であった。

ここで、私たちがさらに考えなければならないのは、『続日本紀』の力である。『続日本紀』は、『日本書紀』に続く国家が作った歴史書、すなわち「国史」であった。菅野真道は撰修の最終段階でこの歴史書の編纂スタッフに加わり、延暦十六年（七九七）二月、その中心となって、完成、奏上を成し遂げた（『日本後紀』延暦十六年二月己巳〈十三日〉条）。真道は、すでに自家の「家牒」の記載を政府に承認させ、改姓を実現させていたが、さらにその記載を第二の国史である『続日本紀』に書き込むことにも成功した。『続日本紀』は全四十巻。その最終巻の巻第四十に、すべり込ませるように長文のこの上表文は収められた。これによってこの歴史は権威化された。それは真道が自らの思いをとげた歴史叙述だったと評価してよいだろう。

なお、津氏に関する記事は、他にも、『続日本紀』の天平宝字二年（七五八）八月丙寅《へいいん》〈二十七日〉条、宝亀元年（七七〇）三月辛卯《しんぼう》〈二十八日〉条、延暦十年（七九一）正月癸酉《きゆう》〈十二日〉条などに見えるが、これらも真道の編集により、掲載がなされた記事だと思われる。

## 「家牒」の思想

「家伝」「家牒」とはどのような性格の書きものなのであろうか。これについては、磯前順一の論説がある［磯前順一 二〇〇九］。本書は磯前説と問題意識を共有しつつ、議論をさらに深めようとするものである。磯前は、「家牒」は自家の歴史を説くものであるが、そのためには「国史」の記述をその前提として必要とするものであり、その行間に独自の主張を織り込むことで自氏族の顕彰をはかるという構造を持っていると説き、「家牒」を提出する氏族にとって、「国史」は自分たちが歴史意識を構築する場をかたどる枠のような存在になっていると論じた。

この論説は、「家牒」の歴史世界を分析した優れた議論であると考える。ただ、磯前が「家牒」や「氏文」は、〈国史＋独自の伝承〉という叙述構造になっているとする点についてはやや見解を異にする。「家伝」「家牒」「氏文」にはいくつかの異なる立ち位置があり、その違いが重要だと私は考えるからである。

たとえば、藤原仲麻呂『家伝』の鎌足伝は、『日本書紀』の記述に独自の記述が加えられたものであり、磯前が説くような構造になっている。ただ、その独自の記述の部分が家に伝わる「伝承」だったのかどうかは定かではない。先に述べたように、それらは歴史的事実とはみなしがたく、仲麻呂家に「伝承」されたものである可能性もなくはないが、新たに創作されたものである可能性が高い。したがって、それらは「独自の伝承」ではなく、「独自の記述」（独自の創作）と評価するべきだと私は考える。その点を修正するならば、『家伝』が、磯前の言うような〈国史＋独自の記述〉になっていることは認められる。このことを私は、先に〈加国史〉と表現した。

しかしながら、たとえば『古語拾遺』は、それとは大きく立ち位置が異なる。それは、『日本書紀』の記述から自氏に有利な部分を採り、不利な部分は採らず、無関係な部分は選択せず、それにさらに独自の記述を加えることによって、『日本書紀』とは異なる歴史を述べる。その歴史の大枠は『日本書紀』に依拠するが、その枠内で『日本書紀』とは異なる別の歴史を語るのである。私は、こうした立ち位置は『日本書紀』に反発し、もう一つの歴史を語る立場になるから、〈反国史〉にあたると理解したい。決して、「国史」に何かをプラスしたというのに留まらないのである。

磯前は、『古語拾遺』では、太玉命《ふとたまのみこと》（忌部《いむべ》氏の祖神）と天児屋命《あめのこやねのみこと》（中臣氏の祖神）の関係についての記述が『日本書紀』とは正反対になっていることを指摘するが、そうした改変によって『日本書紀』に反論する歴史を語ろうとしたとまではとらえていないようである。しかし、私見では、斎部広成は国史の記述の細部を組替・改変することによって、『日本書紀』とは異なる歴史を説き、『日本書紀』に反論する歴史を主張しようとした。

## 国史の書き換え

津真道（菅野真道）の「家牒」はどうだろうか。これも『日本書紀』の語る歴史の大枠の中で説かれた言説であることはまちがいない。だがよく見ると、これにも重大な改変が認められる。『日本書紀』は、応神十五年～十六年条で、上毛野氏の祖の荒田別が百済に派遣され、百済から王仁《わに》が招聘《しょうへい》されて、渡来した王仁（書首《ふみのおびと》氏らの祖とする）によって典籍が教えられたと記している。しかし、真道はこの王仁の話を自分たちの祖である辰孫王の話に丸ごとすり替えて横取りし、吸収してしまうという重大な改変を行なった。また、『日本書紀』は敏達三年（五七四）十月条で、船史王辰爾《ふねのふひとおうじんに》の弟の牛《うし》が津氏の祖となったと記すのに、真道はこの記述を採らず、牛の存在はなかったことにして、それとは別の歴史を叙述する。

このように、真道の「家牒」と『日本書紀』の記述には大きな矛盾・齟齬《そご》がある。それは真道の意志による意図的な改変であり、主張であると理解すべきである。したがって、この「家牒」も〈国史＋独自の記述〉ではなく、国史の記述を否定した〈反国史〉の主張になっていると評価すべきである。そして、真道は、その後それを第二の国史である『続日本紀』に記述することに成功し、それによって根本の国史を書き換えてしまった。

奈良時代後期から平安時代初期、貴族たちは『日本書紀』を強く意識しつつ、その大きな枠組の中で、それに追加したり、あるいはそれに反論したり、さらにはそれを書き換えるような歴史を主張した。それは、磯前が説いたように、「国史」(『日本書紀』)を前提とする叙述であった。国史を前提としたからこそ、それに何かを加えたり、反論したり、あるいは自ら国史に成り上がろうとしたのであるが、では国史を前提としない歴史叙述は、この時代、存在しなかったのだろうか。もしそうしたものが存在したなら、それは〈非国史〉の立場ということになるだろう。

それは、私見では、家伝、家牒、氏文の文脈からではなく、別の文脈、具体的には仏教の文脈から出現したと考える。この問題については、九世紀初頭の書物『日本霊異記』を考察しなければならないが、それについては後章で述べることにしたい。

## 高橋氏の『高橋氏文』

次に、『高橋氏文』について触れておきたい。『高橋氏文』は、成書としては今に伝わらないが、平安時代の書物である『本朝月令《ほんちょうがつりょう》』（惟宗《これむねの》公方《きみかた》撰、十世紀中期成立）や『政事要略《せいじようりゃく》』（令宗《よしむねの》允亮《ただすけ》〈惟宗《これむねの》允亮〉撰、十世紀末〜十一世紀初頭成立）に引用されているので、その文章の一部を知ることができる。この書物については、十九世紀の国学者伴信友《ばんのぶとも》（一七七三〜一八四六）が注目し、その後研究が進展して、今日では読みやすい注釈書が刊行されている［上代文献を読む会二〇〇六］。

『高橋氏文』は、高橋氏の歴史を遠祖にまでさかのぼって記した「氏文」である。高橋氏はもと膳《かしわで》氏といい、大王や王家の食膳を担当する氏族であった。それが天武朝のカバネの整備の際に「膳臣《かしわでのおみ》」から「膳朝臣《かしわでのあそみ》」になり、ウジ名も変更して「高橋朝臣」となった氏族である。

天皇制度成立以後、高橋氏は、同じく食膳を担当する安曇《あずみ》氏とともに宮内省の内膳司《ないぜんし》の職務をつとめ、両氏がその長官（「奉膳《ぶぜん》」という）に任命される慣例であったが、両氏とも八世紀を通じてしだいに力を弱めていった。その間、高橋氏と安曇氏は対立を深め、職務上の序列の先後をめぐってしばしば抗争するようになった。その争いは長期におよぶものだったと考えられるが、それが決着したありさまが『日本後紀』（逸文）延暦十一年（七九二）三月壬申《じんしん》〈十七日〉条に記されている。現代語訳して次に示そう。

この日判決があって、内膳奉膳の正六位上の安曇宿禰《あずみのすくね》継成《つぐなり》を佐渡国に流とすることが決定となった。これまで安曇・高橋の二氏は神事の職務に参列する際の序列をめぐっていつも争ってきたが、昨年十一月の新嘗《しんじょう》の日に勅があって、高橋氏を先とすることが決定された。しかし、継成は勅の旨に従わず、職務を放棄してしまった。本来ならば死刑とせられるところ、天皇の勅による減刑によって遠流とする。

この判決の打撃は大きく、以後、安曇氏は没落の道を歩んでいった。

## 『高橋氏文』の語る歴史

『高橋氏文』は逸文しか現存せず、撰者《せんじゃ》も成立年代も不明であるが、近年の研究によるなら、その内容と表記から見て、九世紀中頃の成立と判断されるという［西崎亨 二〇〇六］。また、内容から見て、高橋氏自身によって書かれたものであることはまちがいない。そうだとすると、この氏文は、高橋氏によって、この判決のしばらくのちに書かれたものということになる。

逸文は三つ現存する。逸文1は景行天皇五十三年の話で、高橋氏の祖である磐鹿六獦命《いわかむつかりのみこと》が、天皇のおともをして東国に行った時、「かくがく」と鳴く鳥を追ったところ、カツオと蛤《はまぐり》を手に入れることができ、それを料理して天皇と大后に奉ると、天皇は末長く子々孫々の代にいたるまで天皇の食膳を担当するよう命じ、大伴部などを与えるとともに、諸氏の人を率いて調理を統括する権限を与えた。天皇は、さらに「神斎」（神今食のこと）や「大嘗」（新嘗祭のこと）などにも供奉するように命じ、「膳臣」の氏姓を賜姓したという。

逸文2は、景行天皇七十二年の話で、磐鹿六獦命が死去すると、天皇は親王の方式に準じて葬るように指示した。そして、宣命《せんみよう》して、新嘗会も膳職のことも磐鹿六獦命がはじめたことであるから、彼の子孫を膳職の長官とし、上総国、淡路国の長官にもして、他の氏族から任命することのないようにせよと仰せられたという。

逸文3は、延暦十一年（七九二）三月十九日太政官符を引用するもので、高橋・安曇二氏がこれまで何度も序列の前後をめぐって争ってきたこと、両氏が「氏記」や「記文」「私記」を提出して相論してきたこと、そこで提出書類の真偽が審査されてきたことなどが述べられ、その上で、安曇継成を違勅の罪によって遠流に処すという判決が述べられている。

## 『日本書紀』と比較すると

ここで、『日本書紀』を見ると、景行五十三年条に、天皇が上総国で覚賀鳥《かくがのとり》の声を聞き、その姿を見ようと海に出ると、白蛤を手に入れることができた。膳臣の遠祖の磐鹿六鴈《いわかむつかり》が白蛤を膾《なます》に作って天皇に進上したところ、天皇は彼の功を誉め、膳大伴部を賜ったという話が見える。ただ、『日本書紀』のこの条は短文であり、『高橋氏文』が記すような、末永く天皇の食膳を担当させることにしたとか、調理を統括させたとか、神事や大嘗にも供奉させることにしたというような話は全く記されていない。

次に、逸文2の景行天皇七十二年の話であるが、『日本書紀』には景行天皇は在位六十年年に百六歳で崩じたと記されていて、景行七十二年という年自体が存在しない。また、『日本書紀』の他の部分を見ても、新嘗や膳職はイワカムツカリが創始したとか、彼の子孫のみを膳職の長官として他氏からは任じないようにしたというような話はどこにも記されていない。逸文2に記される景行天皇の宣命は、一見すると古風な文体であるが、子細に分析すると、表記に後世的な要素が見られ［西崎亨 二〇〇六］、この宣命自体を後世の創作物と見るべきだろう。

このように『高橋氏文』も『日本書紀』に独自の記述を盛り加えて作られた〈加国史〉の書

物だと読解される。そして、これは古風な文体で書かれているが、用字や語法に新しい要素が見られ、実際は後世に書かれた擬古的な文章とすべきものである。古い文に見せかけて書かれているのである。記載内容についても、高橋氏に古くから伝えられてきた「伝承」としうる確証はなく、『高橋氏文』作成時に作られたもの、もしくは高橋氏と安曇氏との相論の中で作られたものである可能性が高い。『高橋氏文』は、氏族対氏族の争いの中で『日本書紀』の枠組のもとに書かれた氏文だと評価されるだろう。

# 第八章　『続日本紀』への期待、落胆と安堵

## 『続日本紀』の複雑な編纂過程

奈良平安時代には、国家作成の歴史書、すなわち「国史」が六点作られた。最初は、『日本書紀』、それに続けて『続日本紀』『日本後紀』『続日本後紀《しよくにほんこうき》』『日本文徳《もんとく》天皇実録』『日本三代実録』が書かれた。これらを「六国史《りつこくし》」と通称する。いずれも漢文体で書かれた。

『続日本紀』は全四十巻。文武《もんむ》天皇元年（六九七）から延暦十年（七九一）までの九代の天皇の九十五年間を年月日順に記す編年体の歴史書である。その記述内容は信憑性が高く、七世紀末〜八世紀の歴史を考究する基本史料と評価されている。『続日本紀』が編纂、完成された経緯については、『日本後紀』延暦十三年（七九四）八月条、および十六年（七九七）二月条に詳しい記述がある。そこから、この書物がかなり複雑な編纂過程を経て完成にいたったことが知られる［坂本太郎 一九七〇、森田悌 一九八四、笹山晴生 一九八九］。

『続日本紀』全四十巻は、前半二十巻と後半二十巻が別々に完成した。『日本書紀』に続く国史の編纂事業は八世紀中頃の淳仁《じゆんにん》天皇の時代に開始され、最初に文武天皇元年（六九七）から天平宝字二年（七五八）にいたる歴史が全三十巻にまとめられたという。ただ、その出来栄えは「米塩《べいえん》」（細かくわずらわしいこと）が多く、他方「疎漏」（記述に漏れがあること）があるものだった。そこで、光仁《こうにん》天皇の時代に、石川名足《なたり》、淡海三船《おうみのみふね》、当麻永嗣《たぎまのながつぐ》らが改訂作業を行ない、まとめ直して全三十巻としたが、そのうち二十九巻をたてまつったものの、天平宝字元年の分は亡失してしまい、たてまつることができなかったという。こうして前半部分は未完成のまま桓武天皇の時代にいたった。

一方、後半部分に関しては、光仁天皇の時代、石川名足、上毛野大川《かみつけののおおかわ》らによって編纂事業が進められ、全二十巻にまとめられたのだが、その出来栄えは「案牘《あんとく》」（草案、下書き、要検討の記述）はあるものの、「綱紀《こうき》」（歴史書としての大きな理念と細やかな記述）のないものだったという。そこで、桓武天皇の時代になって、藤原継縄《つぐただ》、菅野真道、秋篠安人《あきしののやすひと》がその改訂作業を行なって全十四巻にまとめ直し、これを完成版として、延暦十三年（七九四）八月に奏進した。ちょうど都が平安京に移される年のことであった。これが『続日本紀』の巻二十一から巻三十四で、天平宝字二年（七五八）八月から宝亀八年（七七七）十二月までの部分となる。さらにこれに加えて、宝亀九年から延暦十年の部分を編纂し、それを全六巻にまとめておそらく延暦十五年（七九六）に奏進した。これが『続日本紀』の巻三十五から巻四十である。こうして後半部分の二十巻が完成した。

その後も国史編纂の事業が継続され、前半部分の改訂作業が菅野真道、秋篠安人、中科巨《なかしなのこ》都雄《つお》によって行なわれた。それが完成するのは延暦十六年のことで、前半部分が約三分の二の分量に圧縮されて二十巻にまとめ直され、菅野真道を筆頭に後半部分とあわせた全四十巻の奏進がなされた。こうして『続日本紀』全四十巻が完成したのである。

## 歴史は政治

このように『続日本紀』の編纂も約四十年という長い年月がかかってしまい、紆余曲折の末にようやく完成にいたった。それは歴史を書くという行為が、現に生きて活動している同時代人たちの政治的、経済的な利害や家の格式・名誉と密接不可分に関わっているからであった。

延暦十三年や十六年の上表文を見ると、諸先輩たちによる修史事業への評価ははなはだ低く、辛辣な言葉が投げつけられている。余分なこと（米塩）ばかり書いていて大事なことが書かれていないとか、歴史書としての理念（綱紀）がはっきりしていないなどである。それは、しかし、桓武天皇の時代の政権や、最終的に同書を完成させた藤原継縄や菅野真道から見ての評価なのであって、客観的評価というわけではない。自分たちから見れば書かなくてもよいことが叙述されていたり、書くべきことが叙述されていないということにすぎないのである。

光仁朝の石川名足らによる改訂事業については、延暦十三年八月の藤原継縄の上表文に、「天平宝字元年の分一巻を亡失してしまった」と記されるが、本当に一巻分を失くしたとは考えにくいので、これまでいくつかの解釈が提出されてきた。坂本太郎は、その年はちょうど藤原仲麻呂が政治権力の頂点にあった年で、橘奈良麻呂《たちばなのならまろ》の変も起っており、どういう観点から歴史を叙述すべきかがまとまらずに、亡失したと述べて遁《のが》れようとしたのではないかと推定している［坂本太郎 一九七〇］。あるいはそうなのかもしれない。しかし、さらに深読みするなら、失くしたというのは継縄や真道がそう言うだけで、光仁天皇や桓武天皇の皇位継承に不利になるような記述があったのを、失くしたと称してまるまる削除してしまったという可能性も排除できない。

それにしても石川名足は気の毒である。『続日本紀』のもとになる歴史叙述を、前半部分についても後半部分についても作成したのに、後輩たちから出来が悪いなどとボロボロに非難されてしまい、大幅な削除や書き換えがなされてしまった。しかし、それも一つの政治である。

## 石川名足の評価をめぐって

石川名足（七二八〜七八八）の石川氏は蘇我《そが》氏の子孫である。名足は石川年足《としたり》（六八八〜七六二）の子。父の年足は、正三位・御史大夫《ぎょしたいふ》（大納言）にまで昇った人物で、『続日本紀』天平宝字六年（七六二）九月乙巳《いっし》〈三十日〉条に載る卒伝（有力者が死去した時に死亡記事に付される伝記）には、地方行政で大きな実績をあげ、学問にもはげみ、「別式廿巻」を作成したといった数々の業績が記され、大変有能な政治家であったと誉めたたえられている。享年七十五という。

その子の名足も従三位・中納言まで昇っており、父の位官には一歩およばなかったとはいえ、亡くなった年齢（享年六十二）を考えれば遜色のない活躍をした人物であった。同書延暦七年（七八八）六月丙戌《へいじゅつ》〈十日〉条に載る卒伝には、利口で記憶力がよく、決断力があったと記される。しかし、その一方、性格は「頗《すこぶ》る偏急」であり、「好みて人の過《あやまち》を詰《なじ》り」、意見のあわない人に対して「口を極めて罵」ったと記され、諸司の官人たちは多く彼を避けたと書かれている。

国史の伝記にこのように悪しざまに書かれるのは屈辱であり、辛く苦しいことである。実際に、彼はそのような極端な性格の人物だったのかもしれない。しかし、本当にそうだったのだろうか。何しろ『続日本紀』は菅野真道らが執筆した歴史書で、名足らが作成した草稿を大幅に書き換えて出来上がったものである。真道たちは自分たちの書き換え行為を正当化するために、あるいはつい最近である延暦七年まで政界で活躍していた名足に対抗するために、彼の人物像を実際以上に大げさに悪く書いた可能性も否定できない。名足が本当はどのような性格の人物であったのかは不明とすべきだと考えるが、ただ言えるのは、歴史は政治であり、名足は歴史叙述をめぐる争いの敗者であった。

## 落胆と安堵

奈良時代において、『日本書紀』は歴史をめぐる絶対的な書物であった。氏族の中には、同書の記述に得心し、それをバネに地位や権益の継続、発展を期するものがあった一方、同書の記述に不満を持つ氏族もあった。あるいは、『日本書紀』に○○のように書かれているにもかかわらず、現実にはそのことが尊重されていないではないかといった不満を持つ氏族もあった。

そうした中で、『日本書紀』に続く第二の国史として作成された『続日本紀』に対しては、編纂中から種々の期待、あるいは不安が寄せられていたものと推測される。今度こそは○○のことを書いてほしいという期待とか、もし○○のことが書かれたら困るといった不安である。

『続日本紀』は、そうした種々の思いを受けてなかなか完成することができず、複雑で長期にわたる編纂過程の末にようやく出来上がった。

では、完成した『続日本紀』はどうだったのか。読み方にもよるのだろうが、おそらく、多くの氏族は落胆し、あるいは安堵したことだろうと思う。『続日本紀』は『日本書紀』とは異なり、法や制度に関わる行政上の事項や、叙位・任官など官人の人事に関する記事などがたんたんと記述される傾向が強く、説話的ではない叙述がその多くの部分を占めている。論及する時間的範囲も、『日本書紀』を継いで、文武天皇の時代から桓武天皇の時代までを記しており、遠い過去にまでさかのぼって、氏族の始原や事物の根源を語るような記述はほとんど見られない。また、『日本書紀』が重視した神話の部分についても全く言及するところがなく、過去の架空の天皇の時代の英雄的人物の大活躍の物語も記されない。

そうした、いわばクールな記述を見て、それまで不安を抱いていた氏族は安堵し、期待をしていた氏族は落胆したことと思われる。考えてみれば、『続日本紀』は第二番目の国史なのだから、当然と言えば当然の結果なのかもしれない。『日本書紀』は最初の国史であったから、歴史の始原を記す書物となった。だが、そこで始原をめぐる歴史の叙述は終わったのであって、第二番目の国史はそれに続けて、ここ百年ほどの歴史を叙述すればよかった。

それでも、叙述のそこここに、氏族の始原や権益などに関する記述をはめ込むことは、一つの叙述方法としてありえたし、事実、菅野真道は、自氏の津氏の歴史について『日本書紀』を訂正するような記述を意図的に書き込んだ。しかし、そうした記述はごく限られた範囲でしか行なわれなかった。

この書物に安堵した氏族は、やがて嵯峨《さが》天皇の弘仁年間以降、『日本書紀』の講書へと向かい、『日本書紀』を熱心に読んで、国家そして自氏の権力や権益の始原を確認した。他方、この書物に落胆した氏族は、桓武天皇の時代の末期から、平城天皇、そして嵯峨天皇の時代にかけて、『新撰姓氏録《しんせんしょうじろく》』の作成へと向かい、そこに自氏の起源と系譜、つまり〈歴史〉を書き込むことによって、『日本書紀』を修正したり、『日本書紀』の記述を補おうとしたりした。

## 再び『古語拾遺』をめぐって

ここで再び斎部広成《いむべのひろなり》の『古語拾遺』に言及したい。なぜ斎部広成はこの時期にこのような書物を書いたのか。桓武天皇の時代は、忌部氏にとって冬の時代であった。先に述べたように、延暦十三年（七九四）、伊勢幣帛使には中臣《なかとみ》氏のみが派遣され、忌部氏ははずされてしまった。また、延暦十八年（七九九）の伊勢太神宮の正殿の改作事業でも、中臣氏のみが伊勢に派遣され、忌部氏ははずされた。これらは、当事者たちにとって、長年の両氏の争いに決着をつける重大な政治決定であると受け止められたろうし、周囲もそう認識したに違いない。

さらに、延暦十六年（七九七）に全四十巻が奏進された『続日本紀』を見ると、天平宝字元年（七五七）六月乙未《いつび》〈十九日〉条に、伊勢大神宮の幣帛使には今後は中臣氏のみをつかわし、他姓の人は用いないとする「制」が掲載されている。これは、忌部氏にとって我慢のならない苦々しい記述であった。

しかし、延暦二十五年（八〇六）、桓武天皇が亡くなり、五月に平城天皇が即位して、大同と改元がなされると風向きが大きく変わった。先に述べたように、この年の八月に両氏の訴訟に対して、平城天皇の勅命による裁定が下り、伊勢の幣帛使は再び中臣氏、忌部氏の両氏がともにつとめることとされた。これは忌部氏にとって勝訴といえる判決であり、桓武朝に無念と絶望のどん底に突き落とされた忌部氏を大いに元気づけたものと思われる。

翌大同二年（八〇七）、斎部広成は平城天皇の下問に応えるという形で『古語拾遺』を提出した。それは忌部氏の立場から『日本書紀』とは異なる神話・歴史を述べるものであり、また『続日本紀』に反論を述べるものであった。十一項目にわたる歴史の「遺」れについての記述を見ると、その第十一番目に、天平宝字元年の「制」について、この決定は実際には実施されなかったにもかかわらず、なお官の「例」（法令集）に削除されずに残っているのはまことにけしからんことだと述べている。これは、「例」に対する批判であると同時に、この「制」を掲載した『続日本紀』に対する批判でもあった。

斎部広成は政権の変化という追い風に乗って、国史に叙述された歴史を修正しようと考えて『古語拾遺』を作成、提出したのである。

## 『新撰姓氏録』の成立

『新撰姓氏録』という書物がある。万多《まんだ》親王、藤原園人《そのひと》、藤原緒嗣《おつぐ》らの撰。弘仁五年（八一四）に完成、上表されたが、その後修訂がなされ、翌六年（八一五）に再び上表がなされた。嵯峨天皇の時代に完成した書物である。これは三十巻と目録一巻の全三十一巻からなる大部な書物であったが、現存するのは、残念ながら完本ではなく抄録本である。この書物については、佐伯有清による詳細な研究があり、多くのことが明らかになっている［佐伯有清　一九六二～二〇〇一］。

この書物には、左京、右京、山城、大和、摂津、河内、和泉（京と五畿内、現在の京都・奈良・大阪）に本拠を置く一一八二の氏族が、「神別」「皇別」「諸蕃《しょばん》」の三体に分類されて記されている。「神別」とは天神・地祇《ちぎ》を祖とする氏族で四〇四氏、「皇別」とは天皇・皇子を祖とする氏族で三三五氏、「諸蕃」とは大漢・三韓、すなわち中国・朝鮮の人を祖とする渡来系の氏族で三二六氏が記されており、さらにその後に「未定雑姓」一一七氏が加えられている。巻一～巻十が皇別、巻十一～巻二十が神別、巻二十一～巻二十九が諸蕃、巻三十が未定雑姓となっている。

そこには氏族名だけではなく、出自や同祖関係、本枝関係等が記される。本書は、現存の抄録本以外に諸書に逸文が引用されて伝わっており、そこから抄略される以前の詳しい記述が、部分的ではあるが、知られる。

諸氏族の出自や系譜をこの書物にまとめる事業は、延暦十八年（七九九）、政府が諸氏に「本系帳」なるものの提出を命じたところにはじまる。桓武天皇の時代のことである。しかし、それを書物にまとめる事業はただちには進展しなかった。それが嵯峨天皇の時代になって本格的な編纂作業が開始され、弘仁五年、六年にようやく完成し、上表がなされた。

## 氏族の歴史の編纂

八世紀後期～九世紀、多数の氏族が改氏姓を願い出て認められた。『続日本紀』以下の国史にいくつもの事例が記述されている。それは、氏族にとって、地位と現実の権益に関わる重要な案件であった。先に第七章では、申請が認められた事例として、「津連」から「菅野朝臣」への改氏姓、また「忍海原連《おしぬみはらのむらじ》」から「朝野宿禰《あさののすくね》」への改氏姓の例をあげたが、他にも、数多くの事例を六国史に見出すことができる。

先述したように、改氏姓を願い出た氏族は、申請の際に「家牒」「古牒」「家記」「氏記」などと呼ばれる書類を提出した。また、「国史」が重要な証拠書類として参照された。証拠書類は古いものに価値があり、力があると考えられていた。改氏姓を願い出る氏族は古い書類を探し出して提出するか、さもなければ古そうな書類（文体や内容）を創作して提出し、希望をかなえようとした。忌部氏と中臣氏のたび重なる相論では、提出された書類の真偽が審査された。

延暦十八年（七九九）十二月十九日、氏族に対して「本系帳」の提出が命じられた（『日本後紀』同日条）。その勅には、「氏族」の数は多く、どれとどれが源流を同じくする氏族なのか、また現在の氏名が同一でもそれが同族なのかどうかははっきりしない。「譜牒《ふちょう》」に拠ろうとしても、これまで多数の改易があって変遷がわかりにくいし、「籍帳」を検証しても「本枝」がはっきりとしない。そこで、各氏族に「本系帳」を提出させることにした、と記されている。

ここの「譜牒」は各氏族が提出した系譜や家牒を、「籍帳」は政府の保管する戸籍・計帳等の帳簿類を指し、「本枝」とは氏族の本流と支流を指す。そして、「譜牒」や「籍帳」では歴史に不明な部分があるので、この際「本系帳」を提出させることにしたという。ここの「本系帳」は、したがって、氏族の出自あるいは先祖が記され、また時間の進展の中での歴史的変遷が記され、さらに本族と枝族のことが記されるような書類を指している。古い書き物があればそれを参照し、あるいは古老に尋ねたり、関係者に問い合わせたりして、この「本系帳」なるものを新たに作成して政府に提出せよということなのであろう。

この勅が命じられた延暦十八年はどういう年か。『続日本紀』が完成、奏進されたのは、この二年前の延暦十六年（七九七）だった。この第二の国史には、多くの氏族から種々の期待あるいは不安が寄せられたであろうが、出来上がった『続日本紀』は、そうした期待に応えるような書物にはならなかった。代わって、その二年後に命じられたのが、氏族の「本系帳」の提出であった。それは政府による施策であるが、『日本書紀』や『続日本紀』に不満を持つ氏族たちに突き上げられての、つまり彼らの意向を踏まえての企画であったように思われる。だが、諸氏族の出自や系譜を書き記す、国家編纂の歴史書はすぐには編纂することができず、平城朝を経て、嵯峨天皇の時代になってようやく『新撰姓氏録』という形で完成となった。

## 「三体」の思想

『新撰姓氏録』は氏族を「神別」「皇別」「諸蕃」の三種類（「三体」という）に分類する。この思想はどのように評価されるだろうか。人間の集団である氏族が天神・地祇の子孫であるはずがなく、また一つの王家からかくも多数の氏族が派生したとも考え難い。さらに、渡来系氏族にしても、その多くが王族の子孫だと記されているが、それも事実を伝えるのかどうか疑問である。

このように、本書が説く氏族の歴史をそのまま歴史的事実を記録したものと評価することはできないが、しかし当時の人々が自らの氏族の歴史についてそのような伝承を持ち、あるいはそうした伝えを作って、大切にしていたことは事実であり、この時代の思想を知る上で重要である。そこで、注目しなければならないのは、氏族を「神別」「皇別」「諸蕃」の三体に分類することの発想が、『日本書紀』の思想と合致することである。

『日本書紀』を見ると、神々の系譜、物語とともに、○○氏の祖である○○命というような記述や、ある神を○○氏の祖とするような記述に出会う。また、物部《もののべ》氏の祖である饒速日命《にぎはやひのみこと》という神が活躍する物語や、神武天皇の子の神八井耳命《かむやいみみのみこと》が多《おお》氏の祖となったというような記述など、多くの氏族の祖についての記述に出会う。さらに渡来人たちの祖に関する記述も、弓《ゆ》月君《づきのきみ》（秦《はた》氏の祖）、王仁（書《ふみ》氏の祖）、阿知使主《あちのおみ》（倭漢《やまとのあや》氏の祖）が応神朝に渡来したとする話をはじめとして、いくつもの記述が見える。

それら『日本書紀』が記す氏族の物語では、彼らの祖は天神・地祇であったり、天皇・皇子であったり、渡来してきた人であったりする。したがって、『新撰姓氏録』の説く三体は、『日本書紀』の描く神話、物語の考え方と合致する。この点で、『新撰姓氏録』は『日本書紀』の枠組をはみ出すものではなく、『日本書紀』が設定した大枠の中で氏族の歴史を語る書物になっている。

## 『日本書紀』『続日本紀』との関係

『新撰姓氏録』の記述を読み進めていくと、『日本書紀』に書かれていることだけでなく、『日本書紀』に書かれていないことが記されている。「日本紀合」（『日本書紀』と合致）だけでなく、「日本紀漏」（『日本書紀』に漏れ）とされる記述が多々見られるのである。それらは氏族たちが提出した「本系帳」に基づいて書かれたものであるが、では氏族たちの主張は政府の編纂者たちにどの程度認められたのか。また、そうした記述の信憑性はどのように評価されるのか。

幸いなことに、『新撰姓氏録』の「序」が現存する。そこには、天孫降臨や神武東征のこをはじめとして、允恭《いんぎよう》天皇の時代に氏族の歴史の真偽をただすために「盟神探湯《くがたち》」が実施されたこと、天智《てんじ》天皇の時代に庚午年籍《こうごのねんじやく》が作成されたことなど、『日本書紀』の記述に従って、氏族の歴史の略史が述べられる。その上で、臣たちは（万多親王らは）、勅（嵯峨天皇の命令）によって、氏族の歴史を書くことになったので、「古記」を探し、「旧史」を観て歴史を調べてみた。だが、しばしば「古記」と「本系」とが矛盾するので、「本系」に漏れていても「古記」に載る場合は採用して記載することとし、「本系」と「古記」とが食い違った場合は「古記」に依拠して刪定《さんてい》したと記される。

ここから、氏族たちは「本系帳」に、自らの主張を正真疑偽を取り混ぜて縦横に記述したが、編纂者たちはそれらを検討の上で「刪定」の作業（削るべきは削る）を行ない、あるいは「古記」によって付加を行なって、吟味と編集の上で一書にまとめ上げたことが知られる。特に、編纂過程で、「古記」「旧史」なるものが重視されたことは重要である。「古」「旧」に価値があるとする歴史認識が、編纂者たちに、そして周囲の人たちに共有されていた。そして、編纂者たちはその共有される意識に立脚して、「古記」なるものを持ち出し、氏族の主張のうち、とても採用できないものは削ってしまい、逆に「古記」の記載を掲載することがあった。ここの「古記」「旧史」が何であったのかは明らかではなく、一つの書物ではなく、複数の「古い」と観念される何らかの書きものを指しているものと思われる。ただ、それらが本当に古いものであったのかどうかはわからず、新しく作成されたものも含まれていた可能性がある。それでも、皆に古いものなのだろうと認めてもらうことが大切であった。

『新撰姓氏録』は、氏族たちの複雑な利害関係を調整する作業をこのように行ない、長く、骨の折れる編纂作業を経て完成した。結果として、そこには『日本書紀』には記されないこと、つまり『日本書紀』とは別の歴史がいくつか記されることになった。それらは、氏族たちが自氏の歴史であると強く主張したことのうちのいくつかが採用、掲載されたものであった。

# 第九章　『日本書紀』の再解釈と偽書

## 日本紀の講書

貴族たちは『日本書紀』を読み、学んだ。政府は、奈良平安時代、『日本書紀』を講読する勉強会を催した。それは「講日本紀」「日本紀講」などと呼ばれ、また『日本紀』の「講読」「講書」とも呼ばれている。六国史《りつこくし》や卜部兼方《うらべのかねかた》『釈日本紀《しやくにほんぎ》』などによると、日本紀講書は、①養老、②弘仁、③承和、④元慶、⑤延喜、⑥承平、⑦康保の合計七回実施されたことが知られる。各回の講書の期間は長期におよび、期間不明のものもあるが、知られるものは複数年におよぶ期間にわたって『日本書紀』を丁寧に講読するものであった。

このうち①の養老五年（七二一）の講書は『続日本紀』に記載がなく、本当に実施されたのかどうか検討の余地が残るが、実施されたのだとしたら、前年に完成した『日本書紀』をお披露目、紹介するものだったのだろう。次の②弘仁から⑦康保の講書は、九世紀初めから十世紀中期にかけてのもので、『日本書紀』が完成してから約百年〜二百数十年の年月が経過した後に、貴族たちが自分たちの世界が出来上がった由来とその思想を学び、歴史文化を共有するために開催されたものであった。

②弘仁の講書については、『日本後紀』弘仁三年（八一二）六月戊子《ぼし》〈二日〉条に、この日から『日本紀』を読むことがはじまり、散位従五位下《さんにじゆごいのげ》の多人長《おおのひとなが》が「執講」となり、参議従四位下の紀広浜《きのひろはま》や陰陽頭正五位下の阿倍真勝《あべのまかつ》ら十余人が講書に参加したと記される。この多人長とは、『古事記』序に『古事記』を筆録したと記される太安万侶《おおのやすまろ》（?～七二三）の子孫である。人長はかつての名族、太氏（多氏）に生まれ、平城《へいぜい》天皇の大同三年（八〇八）年十一月、正六位上から従五位下に昇った（『日本後紀』）。これは斎部広成《いむべのひろなり》が『古語拾遺』を著わして平城天皇にたてまつった年の翌年にあたる。講書の時、人長は「散位」（位階は有するが、官職には補任されていない者）で、官職に恵まれなかったが、この時「執講」役に抜擢《ばつてき》された。

それ以降の講書については、『続日本後紀』『日本三代実録』『日本紀略』『類聚符宣抄《るいじゆうふせんしよう》』などに、講書が実施されたことをはじめとして、「尚復《しようふく》」の人事や終了後の宴会（竟宴《きようえん》）などのことが記載されている。④元慶の講書（八七八～八八二）には藤原基経《もとつね》、源多《みなもとのまさる》などの大臣たちが参加し、これ以降、講書に多くの最有力の貴族たちが参加するようになっていった。

講書が終了すると宴会が行なわれ、貴族たちは『日本書紀』の神名、人名などにちなんだ和歌を詠んだ。それらは「日本紀竟宴和歌《きようえんわか》」と呼ばれ、元慶六年（八八二）、延喜六年（九〇六）、天慶六年（九四三）の時のものが今日に伝えられている。

## 『日本紀私記』と呼ばれる講書の筆録

日本紀講書では、講義担当者となる「博士」が選出され、それを補佐する役の「都講《とこう》」あるいは「尚復」と呼ばれる者が複数名選出された。「博士」の呼び名は、まだ②弘仁の講書の頃は確立されておらず、「執講」と呼ばれたようであるが、しだいに「博士」の呼称が定着していったようである。補佐役は、④元慶の講書では「都講」と呼ばれているが、⑤延喜の講書以降は「尚復」と呼ばれている。

日本紀講書の様子を今日に伝える史料に『日本紀私記』がある。これは、書物（本）というよりも、むしろ〈ノート〉と言うべきもので、甲本、乙本、丙本、丁本の四種が残っており、どれも黒板勝美（一八七四～一九四六）らによる「新訂増補　国史大系」に収録されている。このうち、甲本は②弘仁の講書の時に記された私記だと考えられているが、甲本を後世の偽書とする説があり［築島裕　一九六三］、序・本文ともに真偽が議論され、全体として真偽未定であって、今後の研究にまつところが多い。

また、乙本と丙本は語句集と言うべき様相のもので、『日本書紀』の語句をいくつか取り出して、その読みを万葉仮名（字音仮名）で記すものである。これについて、西宮一民は平安時代末期（院政期）に誰かが『日本書紀』のある古写本に付された片仮名の訓を拾い集め、それを万葉仮名に書き改めて成書化したものであって、日本紀講書の私記とは言えないと論じている［西宮一民　一九七〇］。説得力のある見解である。

これらに対して、丁本は首部・尾部ともに欠いているが、内容や登場人物などから、⑥承平の講書の時に記された私記と考えられ、講書の様子を今日に伝える貴重な記録として大きな価値を持つ。最近では、そのテクスト・クリティークが進み［神野志《こうのし》隆光　二〇〇九］、多くのことがわかってきた。北川和秀によると、『西宮記《さいきゅうき》』（源高明《たかあきら》撰《せん》、十世紀後期の儀式書）の記述から、講書では博士・尚復が『日本書紀』をひろげ、大臣以下の受講生がひろげると、尚復が『日本書紀』の文を独特の声調で唱え、次に博士が講読し、終わると再び尚復が文を読んで終了になったことが知られる。

また『新儀式』（『釈日本紀』所引、十世紀後期の儀式書）によると、講書終了後、後日に再び受講生が参集し、質問がなされ、尚復・博士が答え、あらためて文を読んだという［北川和秀二〇〇〇］。講書では、『日本書紀』を声に出して読むことが重視され、漢文をどう読み下すかが最大のテーマになっていた。

## 漢文を訓読みする博士たち

⑥承平の講書は、承平六年（九三六）十二月から天慶六年（九四三）九月まで行なわれた。ちょうど、平将門・藤原純友の乱が勃発した時で、政府はその鎮圧に追われたが、講書は実施された。この講書では、博士を従五位下紀伊権介《きいのごんのすけ》の矢田部公望《やたべのきんもち》が務め、尚復を橘仲遠《たちばなのなかとお》が務めた。その時の私記と考えられる『日本紀私記』丁本は、問答体（Q&Aのスタイル）で記されている。「問う〇〇」／「師説く〇〇」という具合である。一例を、原漢文を現代語訳・取意文にして示そう。『日本書紀』の冒頭の文章を注解する部分である。

「溟涬而含牙」について
問う。「溟涬《めいけい》」の二字は経籍（中国の古典籍）を調べて考察したところ、どれも天地未分（まだ天と地とが分かれていない状態）の形を称する概念になっているが、今、それを「倭語」で読むのはどういうことか。
師説く。たしかにこの文言は『淮南子《えなんじ》』などの中国の古典にあり、みな天地未分の形を称する概念であるが、ただ、その「倭語」として先々以来の五説がある。一「アカクラニシテ」、二「ホノカニシテ」、三「ククモリテ」、四「クラゲナスタダヨヒテ」、五「クラゲナスタユタヒテ」である。今案ずるに、この五説では「ククモリテ」を「先」（優先説）とすべきで、「天地未分」の概念によくかなっている。他の四説は「副」（副次説）とすべきである。

少し解説しよう。『日本書紀』は、「古天地未剖、陰陽不分、渾沌如鶏子、溟涬而含牙」とはじまる。これを今日の注釈書では、たとえば「古《いにしへ》に天地《あめつち》未《いま》だ剖《わか》れず、陰陽《めを》分《わか》れざりしとき、渾沌《まろか》れたること鶏子《とりのこ》の如《ごと》くして、溟涬《ほのか》にして牙《きざし》を含《ふふ》めり」のように読解している［坂本太郎他一九六七］。実は、この冒頭部分については、早くから『淮南子』『三五暦紀《さんごりやつき》』という中国古典の文章が用いられていることが知られている。

このことはすでに平安時代の博士や貴族にも知られており、丁本には『淮南子』『三五暦紀』の書名が見える。矢田部公望は、これが中国の古典の文を借用したものであることを承知していた。にもかかわらず、「溟涬而含牙」の一句を「溟涬《めいけい》として牙を含めり」のようには読み下しせず、「溟涬」を「ククモリテ」と読んだ。これについて、受講生から質問がなされると、これは中国古典の言葉ではあるが、前々からその読み方に五説があると公望は講じた。

今日、私たちは「天地」を「てんち」と、「陰陽」を「いんよう」あるいは「おんみょう」と、「渾沌」を「こんとん」と音読みしており、「溟涬」も「めいけい」という音読みで辞典類に掲載されている。ここの「溟」はくらい、くらい海の意、「涬」は広くくらいさま、大水のさまの意で、「溟涬」は暗くて広い大水（海）のさまを指している。それを公望は「ククモリテ」と読んだ。

『釈日本紀』巻十六によると、この訓は元慶にはじめて唱えられ、⑥承平の講書で先説として確立したものだという。それまでは「クラゲナスタダヨヒテ」と読むのが講書の通説であった。承平の新説の確立者はもちろん矢田部公望であるが、この説をはじめて唱えたのは誰だろうか。元慶の講書では、善淵愛成《よしぶちのちかなり》が博士を務め、都講を嶋田良臣《よしおみ》など明経道、記伝道の学生三、四人が務めた。それは、藤原春海《はるみ》、善淵高文、矢田部名実《なざね》、多広珍であったらしい（『西宮記』裏書）。この矢田部名実とは、矢田部公望の父あるいは親族と推定される人物で、元慶の私記（『釈日本紀』が引用する）の作成に関わった優秀な学者であった［太田晶二郎　一九九二、神野志隆光　二〇〇九］。この訓は、元慶の博士の善淵愛成の説であったのかもしれないが、都講の誰かの説であった可能性もあり、公望の父に比定されている矢田部名実の説である可能性があるだろう。

「溟涬」の読みは一例にすぎない。漢文で書かれた『日本書紀』をできる限り「倭語」（和語）に言い直して読むのが博士たちの読み方であった。それは漢語の意味を考えて、それにあてはまりそうな「倭語」を代入していく作業であり、創作とも言いうる創造的な漢文読み下し作業であった。講書の場では、こうした「倭語」読みを行なうことが最も重要な研究課題とされていた。

## 成立期と伝統形成期と近代

では、私たちの時代の『日本書紀』注釈書はどう読み下しているのだろうか。新訂増補国史大系『日本書紀』は、「溟涬」に「クモリテ」の訓をはじめとして、「ク、モリテ」「クラゲナスタ、ヨヘル」「クラケナスタユタヒテ」「ククリテ」「ホノカニシテ」の六種の訓を振っている。これは、諸々の写本に記される訓を「古訓」と評価して採用したものである。これらの古訓は講書や『日本紀私記』までさかのぼるから、国史大系本は講書で説かれた複数の読みをできる限り多く採用、併記したものということになろう。

日本古典文学大系『日本書紀』は、「溟涬」に「ホノカにして」と振り、補注において別訓の「ククモリテ」を紹介する。鑑賞日本古典文学『日本書紀・風土記』も「ホノカにして」と振り、脚注において「別訓ククモル」を紹介する。これらに対して、新編日本古典文学全集『日本書紀』は「メイケイ」と振っている［黒板勝美他 一九五一、坂本太郎他 一九六七、直木孝次郎他 一九七七、小島憲之他 一九九四］。

これらを参照するなら、二十世紀の『日本書紀』注釈書は、一番新しいもの一つを除いては、日本紀講書の場で論じられた訓（これを「古訓」という）に従って振り仮名を振っていることが知られる。近代人文学の研究成果の結晶というべきこれらの書物も、つい最近まで平安時代の日本紀学者の読み方を踏襲する道を選んでいた。

だが、養老四年（七二〇）に『日本書紀』が成立した時、訓読みで読まれたのかどうかは疑問で、おそらくそうは読まれなかっただろうと推考される。『日本書紀』は漢文で記された。当時、すでに中国の書物が多数日本に伝えられていたが、中国の書物の語句を日本紀講書のように数多く訓読みしたとは考えがたい。また、近年の研究により、『日本書紀』編纂者には中国からの渡来人が含まれており、彼らは漢文の文章を整え、文を作っていったと論じられている［森博達 一九九九］。そもそも、この冒頭部分は中国古典の文章が借用されて文が作られている。そうであるなら、漢語についてはそのまま音読みするのが『日本書紀』編纂者たちの意にかなう読み方であり、成立期には講書のような訓読みばかりの読み方はなかった、あるいは少なくとも一般的ではなかったと見るべきだろう。

しかし、平安時代の日本紀学者たちは、漢語をできる限り倭語に言い直して『日本書紀』を読み下そうとした。その「倭語」は、丁本が明記するように「古語」だと認識されていた。学者たちは「古語」「フルコト（古語、古事、旧事、旧辞）」を追い求めた［藤井貞和 一九八七、津田博幸 二〇一四］。それは、中国とは異なる日本のアイデンティティーを求める営みであり、また平安貴族社会の理念的根拠を求める作業でもあった。こうして平安時代に『日本書紀』の伝統的な読み方が形成されていった。それは学者たちにとって、思想的営みともいえるクリエイティブな営為だった。

ただ、そのように漢文を読もうとすると、一つの言葉に対して複数の「倭語」が当てはまりうるから、結果として複数の読み方が発生してしまう。実際に七回にわたる講書においては、『日本書紀』の意味をとるだけでなく、さまざまな読み方が提示され、創作的な読みや新しい概念が生み出され、さらにはその中から新しい書物が生み出されていった。

学者たちは、先輩たちの読みを尊重しつつも、自分の読みにこだわった。そして、自説を証明するために種々の文献史料を援用しようとした。それには古い文献に価値があった。だが、本当に古い文献などほとんど存在しない。そこで、〈古い（旧い）〉と標榜《ひょうぼう》しつつも実際には新しい文献が創作されて、根拠史料とされることがあった。

## 日本の史書のはじまりをめぐる議論

もう少し『日本紀私記』丁本を読み進めていこう。次のような問答がある。

問う。本朝（日本）の歴史書は何をはじめとするのか。

師説く。先師の説は『古事記』を歴史書のはじめとするものであった。しかし、今私（公望）が案ずるに、上宮太子撰『先代旧事本紀《せんだいくじほんぎ》』十巻を歴史書のはじめとすべきである。

（中略）

問う。この書（『日本書紀』）を撰修《せんしゅう》した時、何の書物をもってもととしたのか。

師説く。先師の説は『古事記』をもとにしたとするものであった。その時（延喜の講書の時）、『古事記』と『日本書紀』との間で文の相異はどの程度あるのかと質問したところ、先師は『古事記』は心を伝えることを旨としていて文を労することはなかったので、『日本書紀』撰修の時に多数の文が改易されたと答えた。しかし、今、この書（『日本書紀』）を見ると、『先代旧事本紀』の文が引用されており、『古事記』の文はむしろ「一云」のところに多く引用されている。（中略）したがって『先代旧事本紀』をもとにしたというべきである。

講書の場では、日本最初の歴史書は何かが議論された。ここの「先師」とは、前回の⑤延喜の講書の博士であった藤原春海のことである。矢田部公望は、延喜の講書の時には尚復を務めており、まぢかに春海の説に接した。春海は『古事記』を重視する説を唱え、日本最初の歴史書は『古事記』であり、『日本書紀』の文は『古事記』をもとにし、それを改易して作られたと説いた。これに対して、承平の博士の矢田部公望は『先代旧事本紀』を重視する立場をとり、日本最初の歴史書も、『日本書紀』のもとにされた書物も『先代旧事本紀』だと説いた。

『先代旧事本紀』とは何かについては次章で述べるが、その序には推古二十八年（六二〇）、聖徳太子（上宮太子）撰と記されていて、長らくこの著者と撰述年が信じられてきた。だが、江戸時代以降、しだいにこの書物に疑念が提起され、詳細な研究の結果、後世に偽作された「偽書」であることが判明した。そして、記載内容が著しく物部《もののべ》氏の立場に偏っているので、平安時代初期に物部氏の誰かによって作られた書物であると理解されるようになった。

承平の博士である矢田部公望の矢田部氏は物部氏の一族である。したがって、彼が、先師の説と異なって、『古事記』ではなく『先代旧事本紀』を重視するのは、彼の出身氏族からすると当然のことであった。日本紀講書の場でも、氏族の歴史観が論議の行方に大きな影響を与えていた。

### 不思議な書物群

『日本紀私記』丁本には、また、次のような問答がある。


問う。この書（『日本書紀』）を考え読むには何の書を調度に備えるべきであるか。

師説く。『先代旧事本紀』『上宮記』『古事記』『大倭本紀』『仮名日本紀』がこれである。

（中略）

問う。『仮名日本紀』は誰が作ったものなのか。また『日本書紀』との前後関係はどうか。

師説く。『仮名日本紀』はこの書（『日本書紀』）を読むために私に注出されたもので作者不明だと元慶の講書の時に説明された。その時、質問があって、『日本書紀』のもとになるものとして仮名の本があったはずで、その仮名の本を養老年間に漢文に改めて『日本書紀』が撰されたのではないか。ならば、『日本書紀』を読むために私に記された書物ではないのではないかと問われた。元慶の博士は、その疑いはもっともだが、ただ作者不明だと答えるばかりだった。

承平の日本紀講書では、「日本書紀」を読むための参考文献として、『先代旧事本紀』『上宮記』『古事記』『大倭本紀』『仮名日本紀』の書名があげられ、その前後関係や作者について論議がなされた。だが、今日の研究水準からすると、ここに掲げられた書物は疑問の多い、検証が必要なものばかりである。『先代旧事本紀』は、先に述べたように後世に作られた偽書であり、『上宮記』も聖徳太子撰というふれ込みの書物であるが、これも偽書とすべきものである。『大倭本紀』は丁本や『釈日本紀』に逸文が見え、そこから漢文体の書物で、神話の部分などについて言及する書物だったことが判明するが、それ以外については正体不明の書物と言わざるを得ない。

『仮名日本紀』については、元慶の博士の善淵愛成は、『日本書紀』を読むために誰かが私的に注出して作成したもので、作者不明の書物だと説明していた。ここから『仮名日本紀』なる書物が元慶の講書の頃までに成立していたことが知られる。この論に対して、矢田部公望は、仮名の本が『日本書紀』のもとになるものとしてあったはずだという考え方がすでに元慶の講書の時に発せられていたことを紹介し、自分も仮名の本が『日本書紀』のもとになるものとして存在したはずだと考えると述べている。これは『仮名日本紀』があたかも『日本書紀』のもとになる書物の一つになったものだともとれる返答である。

しかし、『仮名日本紀』は本当に『日本書紀』以前の本なのか。坂本太郎は、『仮名日本紀』について、逸文によると、この書物は『日本書紀』と大差のないもので、それに仮名で訓《よ》み方などを注記したものだったらしいとしているが［坂本太郎 一九八三］、妥当な見解と思われる。『日本書紀』以前に『日本書紀』の内容を仮名で記した書物など存在するはずもないのである。

このように、矢田部公望が参考文献に掲げた五つの書物は、今日、古典としての評価が確立している『古事記』を除いては、詳細不明であったり、検証が必要なものばかりであり、明白な偽書も含まれている。しかも、これらは歴史上、『日本紀私記』丁本にはじめて書名が見えるもの、つまりこれが初見だという書物が少なくなく、日本紀講書が進展した時代に順次創作されていったものと理解される。これらの書物は、いずれも古い書物というふれ込みのものであったが、実際には『日本書紀』を円の中心にして、その周りを取り巻くように後世に作成されたものであった。

# 第十章　『先代旧事本紀』と『古事記』

## 『先代旧事本紀』の概略と成立年代

『先代旧事本紀』とはどのような書物なのか。これは、「先代」の「旧事」を記した「本紀」、すなわち先の時代の古い事実を記した王朝の根本の歴史という題を持つ書物である。全十巻で序がある。序には、聖徳太子の撰で、推古二十八年（六二〇）春三月に聖徳太子が蘇我馬子《そがのうまこ》に命じて、勅をうけたまわって撰定したものだと記される。この書物には、巻一から巻五に天地開闢《かいびやく》から神代のことが記され、巻六から巻九に神武《じんむ》天皇から推古天皇にいたる人代のことが記され、巻十に諸国の国造《くにのみやつこ》のことが記される。天地開闢から推古天皇の時代におよぶという構成は『古事記』と同一である。また、巻十の「国造本紀」は記紀に見られない独自の記述になっている。

『先代旧事本紀』は、かつては、序に記される通りに聖徳太子の撰であると信じられ、平安、鎌倉、南北朝、室町時代と、長きにわたって、日本最古の歴史書として重んじられてきた。だが、江戸時代になると、本当に古い書物なのかが疑われるようになった［三上喜孝 二〇〇七］。

聖徳太子撰というのに太子や馬子の死後のことまで書かれている。また、奈良時代中期に定められた天皇の漢風諡号《しごう》が記されている。さらに、『日本書紀』『古事記』『古語拾遺』の文が用いられており、これらの書物を見て書かれている。これらの理由から、『先代旧事本紀』は後世に作られた偽書であると断ぜられ、近代になると最古の歴史書という座を喪失した。

この書物が、推古二十八年、聖徳太子撰であると自ら言うのは、『日本書紀』推古二十八年是歳条に、皇太子（聖徳太子）と蘇我馬子が共議して、『天皇記』『国記』『臣《おみ》連《むらじ》伴造《とものみやつこ》国《くにの》造《みやつこ》百八十部《ももやそつかべ》并《ならびに》公民等本記《おおみたからのほんぎ》』を録したと記されているのに合致させて、自分こそがその時に録された書物だと主張するための作為であった。では、『先代旧事本紀』は、本当は、いつ、誰によって、何の目的で作成されたものなのか。

十九世紀の国学者平田篤胤《ひらたあつたね》（一七七六〜一八四三）は、この書物は物部氏によろしいように記されているから、物部氏の人によって書かれたものだろうと説いた（『古史徴開題記』）。たしかに、この書物には物部氏の祖先の神である「饒速日尊《にぎはやひのみこと》」の活躍が特記されており、饒速日尊が天神の子として地上世界に降臨したとされ、その時にアマテラスから〈十種の神宝〉が授けられたと記されている。天皇が皇位のあかしとして持つ宝物（神宝）は、『日本書紀』に記されるような〈三種の宝物〉ではなく、〈十種の神宝〉だとする新説を主張するのである。また、神武天皇以降の人代の歴史のところには、歴代の物部氏が天皇によく仕奉したとする話がいくつも記されている。『先代旧事本紀』を物部氏の立場から記された歴史書とする篤胤の読解は的確である。

なお、鎌田純一が説いたように、『古事記』は、物部氏および饒速日尊の事績について、『日本書紀』に記される活躍ぶりすら記しておらず、物部氏に大変冷淡な書きぶりになっている［鎌田純一　一九八〇］。私見では、『先代旧事本紀』は、『日本書紀』の記述を重視することを大前提とし、その上で『古事記』の記述を強く意識して、これに対抗し、『古事記』を批判しようと考えて創作されているように思われる。そして、自分は推古二十八年という古い時代の成立なのだから、『日本書紀』のもとになった書物であるばかりでなく、『古事記』のもとにもなっているとして、『古事記』より上位にあると主張したのである。書名の「先代旧事」も『古事記』序の「旧辞」「先代旧辞」という表現に対抗しようとした文言なのであろう。

## 『先代旧事本紀』の成立年代・著者をめぐる学説

ここで、『先代旧事本紀』の成立年代や著者を推定する学説を紹介しておこう。幕末〜明治に活躍した国学者で、伊勢神宮の外宮《げくう》の神官であった御巫清直《みかんなぎきよなお》（一八一二〜一八九四）は、この書物は弘仁十四年（八二三）から延喜・延長（九〇一〜九三一）の頃までに書かれたもので、著者は興原敏久《おきはらのみにく》だろうと推定した。興原氏は物部氏の一族である。また、序は後人によって副えられたもので、延喜四年（九〇四）から承平六年（九三六）までに矢田部公望《やたべのきんもち》によって作成、付加されたものであると推定した［御巫清直　一八八三］。

御巫説に対し、鎌田純一は、『先代旧事本紀』は記紀や『古語拾遺』の文をつなぎ合わせて作られているが、独自の文も一部にあり、それは聖徳太子撰『原旧事紀』とでもいうべき古書の残欠を伝えるものだとした。そして、『先代旧事本紀』は、その『原旧事紀』に記紀の記述などを加えて編集されたものであると推定した。成立年代については、『古語拾遺』が書かれた大同二年（八〇七）以降で、矢田部公望の「先師」にあたる藤原春海が『先代旧事本紀』に言及しているから延喜の講書（九〇四〜九〇六）以前のことだとし、九世紀後期頃に物部氏の誰かが編纂したものであるとした。ただし、序は成立年代が下り、平安時代末期から鎌倉時代に付加されたと推定した［鎌田純一　一九六二］。

鎌田説の特色は、『先代旧事本紀』は九世紀後期の成立であるけれど、もとになるものがあったはずだと説き、もとになるものを『原旧事紀』と呼んで、聖徳太子の著作と見てよいとしたことである。この推定によって、鎌田は偽書と断ぜられた『先代旧事本紀』を古い記述を含むものだと擁護した。

鎌田説に対して、坂本太郎は、『先代旧事本紀』独自の文を古くにできた書物の残欠とみなしうるような論拠は何もなく、『原旧事紀』とでもいうべき古書が存在したと想定する学説は成り立たないと批判した［坂本太郎 一九八一］。私はこの点に関して、坂本説が正しく、『先代旧事本紀』は平安時代初期に作成された偽書というよりなく、『原旧事紀』とでもいうべき古書が存在したと想定することはできないと考える。

今日、御巫の説を継承し、さらに発展させたのが安本美典である。安本が注目したのは、惟《これ》宗直本《むねのなおもと》編『令集解《りようのしゆうげ》』である。これは日本の「令」の注釈書を収集した書物で、『養老令《ようろうりよう》』の注釈書である『令義解《りようのぎげ》』『令釈』『跡記』『穴記』や、『大宝令』の注釈書である『古記』などを集めて一書にまとめた便利な本である。これの職員令の神祇官《じんぎかん》の「鎮魂」の箇所に朱墨で注釈の書き入れがなされた古写本があり、それに引用される『穴記』に『先代旧事本紀』の文と理解される一文があることが知られていた。安本は、『穴記』は興原敏久の説を引くことがあるから、御巫が説いた興原敏久著者説はこの史料から補強されると論じた［安本美典 二〇〇三、二〇〇七］。

最近では、津田博幸が布留宿禰《ふるのすくね》高庭《たかにわ》を著者と推定する見解を提出している。布留氏は物部氏の一族で、石上《いそのかみ》神宮に神主として仕えた氏族である。高庭は、『日本後紀』延暦二十四年（八〇五）二月庚戌《こうじゅつ》〈十日〉条に、石上神宮の神宝を平安京に運び遷すことに反対した人物として登場し、『日本後紀』の編纂者の一人にも名を連ねる学者であった。津田は、この人物ならば『先代旧事本紀』を作ることができた、あるいは企画を立てることができたと説いている［津田博幸 二〇一四］。しかし、私はこの人物と『先代旧事本紀』を結びつける材料が何もないこと、また活動年代が早すぎることから、この推定は成り立ち難いと思う。

## 『先代旧事本紀』の成立年代と著者

『先代旧事本紀』はいつ誰によって書かれたものだろうか。この書物の初見史料は『日本紀私記』丁本である。したがって承平の日本紀講書以前の成立ということになる。鎌田純一は、先師の藤原春海がこの書物に言及していると述べるが、これは丁本の誤読で、先師は『古事記』について論じるが、『先代旧事本紀』には言及していない。「而《しか》るに今案ずるに」以下で『先代旧事本紀』に言及するのは矢田部公望である。

次に、『令集解』の『穴記』の記述の評価であるが、これはたしかに『先代旧事本紀』説と同一説で、文章表現も類似しているが、書物としての『先代旧事本紀』を引用したものかどうかは不明であり、また「新訂増補　国史大系」が底本とした本（田中忠三郎氏所蔵本）の朱墨書き入れであって、史料の性格は不明と言わざるを得ない。この史料から『先代旧事本紀』の成立年代を考察するのは危険である。

一方、成立の上限は、御巫などが説いた通り、『先代旧事本紀』に「加賀国」の表記が見えるから、加賀国が誕生した弘仁十四年（八二三）以降の成立となる。だとすると、結局のところ、かつて坂本太郎が説いた弘仁十四年以降、承平六年（九三六）以前の成立という見立てが正しいということになる［坂本太郎　一九三八］。

次に、本文と序を分けて時代判別する理解はどうか。私はこの理解は妥当ではないと考える。『日本紀私記』丁本には「上宮太子所撰先代旧事本紀十巻」と記されており、初見史料の段階で上宮太子（聖徳太子）撰が標榜されている。したがって、この時点で時代と撰者をいつわった偽書と言うよりない。聖徳太子所撰と書くのは『先代旧事本紀』序であるから、承平の講書の段階で本文十巻と序の両者が備わっていたとしなければならず、序の成立を平安末期〜鎌倉時代に遅らせる見解は成り立たない。

『日本紀私記』丁本を見ると、矢田部公望は承平の講書において、先師の藤原春海が最古の歴史書を『古事記』だとするのを否定し、『先代旧事本紀』を最古の歴史書とする新説を述べた。

『先代旧事本紀』が推古朝に聖徳太子によって書かれたのなら、たしかに『古事記』よりも古い書物となるだろう。

公望の先輩たちはこの書物をどう扱ったのであろうか。延喜の講書の博士を務めた藤原春海は『古事記』を高く評価するが、『先代旧事本紀』には言及しておらず、この書物を知らなかった可能性が高い。では、公望の父に比定されている矢田部名実《なざね》はどうか。『釈日本紀』が引用する「私記」を見ると、『先代旧事本紀』に言及するくだりは出てこない。また、『公望私記』という私記があり、これは名実の私記に公望が加筆したものと理解されている［太田晶二郎 一九九二、神野志隆光 二〇〇九］。『釈日本紀』巻八「湯津杜木」のところに引用される『公望私記』を見ると、『先代旧事本紀』巻三の文章が引用されている。だが、これは名実の説というより、公望の加筆部分と見るのが妥当である。名実は『先代旧事本紀』を重視しておらず、この書物を知らなかった可能性が高い。そうだとすると、『先代旧事本紀』を重視するのは矢田部公望からということになるだろう。

『先代旧事本紀』を読み進めていくと、すでに指摘があるように、矢田部氏の祖先を大きく描く部分があることに気づく。仁徳《にんとく》八十二年、推古二十二年、二十三年条である［松本弘毅 二〇〇七］。これは記紀に見られない『先代旧事本紀』独自の記事である。

以上から、私は『先代旧事本紀』の著者としては、今後、矢田部公望その人を中心に考究を深めていくべきだろうと考えている。津田博幸は「ひとまず公望を信用してみる」と述べ、「公望はなぜこの書にだまされてしまったのか」という問いを立てて考究をすすめた［津田博幸 二〇一四］。しかし、「ひとまず信用してみる」というのは、一方で公望を疑っているからであろう。私見では、その疑いは濃厚と思うのだが、いかがであろうか。

『先代旧事本紀』は『日本書紀』講書が進展する中で『上宮記』『大倭本紀』『仮名日本紀』などとともに誕生した。この書物が物部氏系の学者の誰かによって偽撰《ぎせん》されたものであることはまちがいない。私は、その真の著者については矢田部公望を軸に考究したいと考えている。

## 偽書の価値

偽書と言うと、私たちは歴史史料として全く価値のないものと思いがちである。しかしそうではない。偽書は歴史や文化を考える上で貴重な史料になりうるものである。たとえば、『先代旧事本紀』を聖徳太子の著作だと信じて、これを詳しく分析することによって聖徳太子（厩《うまや》戸王《とのみこ》）の歴史思想を考究しようとしたり、推古朝の歴史観を考えようとしても、見当はずれな結論にしかたどり着けない。そういう点で偽書は罪深い。しかし、『先代旧事本紀』を、それが本当に書かれた時代、すなわち平安時代の九世紀後期〜十世紀初めの書物として位置づけ直したなら、その時代の文化史、思想史、宗教史を考究するための貴重な史料に変じるだろう。だから、偽書に出会ったなら、それが本当はいつの時代に書かれたものなのか。本当は誰によって書かれたものなのか。本当の作成目的は何だったのかについて、詳しく解明しなければならない。この作業によって、偽書はそれが本当に書かれた時代の歴史史料としてよみがえる。偽書は文化史、思想史、宗教史の重要な史料の一つとなりうるのである［佐藤弘夫 二〇〇二］。

## 『古事記』をめぐって

さて、公望は、『日本書紀』を読むには『古事記』も参考文献に備えよと説いた。ここで、『古事記』について本書に必要な範囲で簡単に触れておきたい。『古事記』は上中下の三巻で、上巻には冒頭に序があわせ付されている。序は漢文体で書かれ、「臣安万侶言《しんやすまろもう》す」とはじまる上表文の形式をとっている。「臣〇〇言す」とはじまる上表文の形式の序は、前述の『新撰姓氏録』がそうであるし、『令義解』『延喜式（延喜格式）』など平安時代初期の書物にしばしば見られる。

『古事記』の本文は、上巻は神代、中巻は神武天皇〜応神《おうじん》天皇、下巻は仁徳天皇〜推古天皇の時代の神話・歴史を記述している。その中身は『日本書紀』に記される神話・歴史と大きく重なり合うが、それでも違いがかなりあり、『日本書紀』には記されるが『古事記』には記されない話、逆に『古事記』には見えるが『日本書紀』には記されない話があり、両者に記される話についても、内容、表現に違いがあるものが少なくない。また、『古事記』は推古天皇のところで終わっており、持統《じとう》天皇十一年（六九七）まで記す『日本書紀』とは大きく異なっている。

『古事記』の文体については「和文体」だと説明されることがあるが、正確には「変体漢文体」の一つである「和化漢文体」で、漢文の語順を基本にしつつ日本語的要素が大きく採り入れられた文体で書かれている。それは、また序が自ら説明するように、漢字の音読みと訓読みとを適宜まじえて表記する「音訓交用」の形式をとっており、固有名詞の表記などには万葉仮名（字音仮名）が用いられている。『古事記』は、漢文で書かれた『日本書紀』とは異なって、太初以来の神話・歴史を、漢字を用いながら、できる限り日本語に近づけて表現しようと試みた書物になっている。

『古事記』の著者や成立年代については、序の末尾に「和銅五年正月廿八日　正五位上勲五等太朝臣安万侶」とあり、太安万侶が和銅五年（七一二）に撰録《せんろく》したことが明記されている。「撰

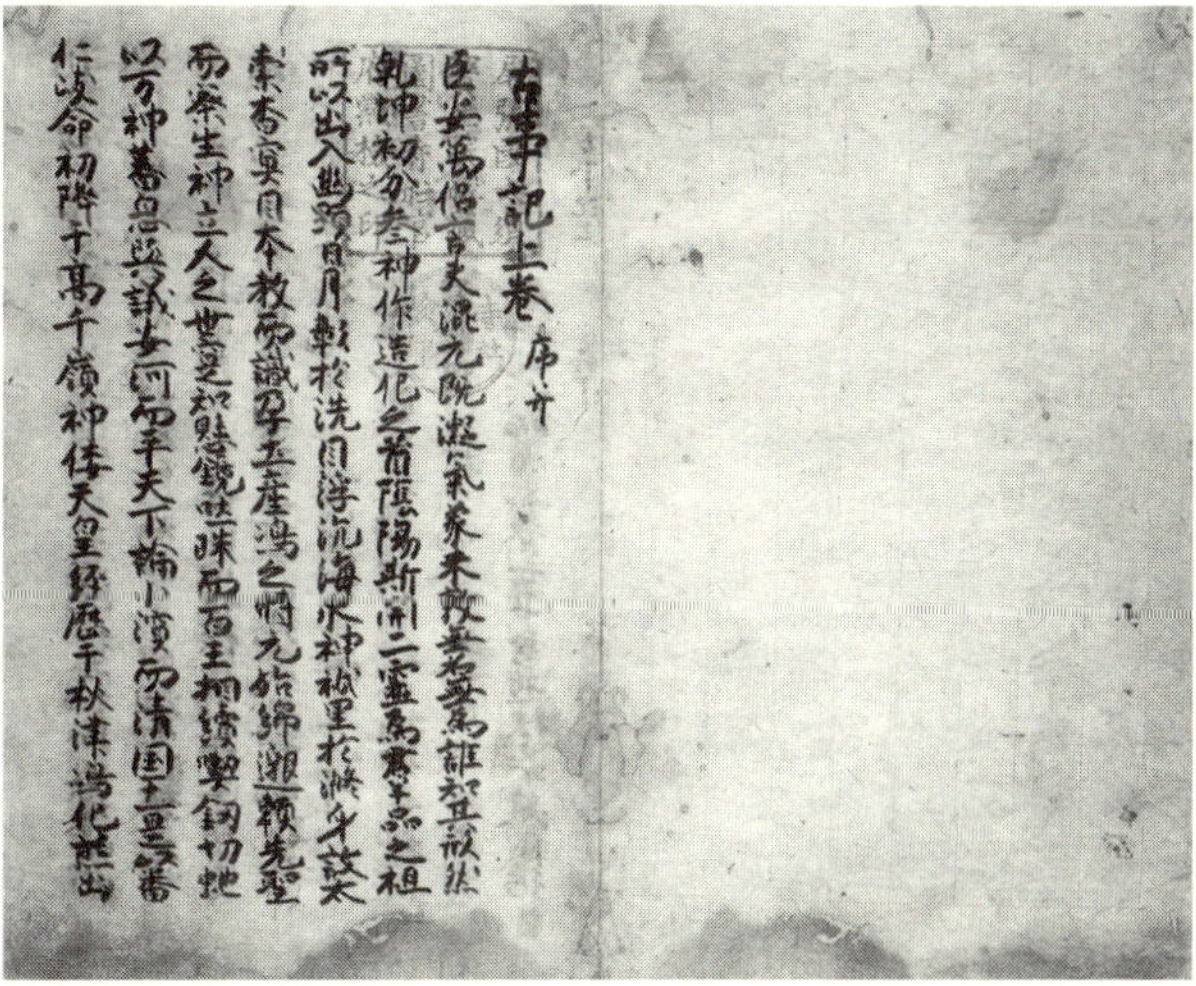
古事記上巻　序并
臣安萬侶言夫混元既凝氣象未效無名無爲誰知其形然
乾坤初分參神作造化之首陰陽斯開二靈爲群品之祖
所以出入幽顯日月彰於洗目浮沈海水神祇呈於滌身故太
素杳冥因本教而識孕土產嶋之時元始綿邈頼先聖
而察生神立人之世寔知懸鏡吐珠而百王相續喫劍切蛇
以万神蕃息與議安河而平天下論小濱而清國土是以番
仁岐命初降于高千嶺神倭天皇經歷于秋津嶋化熊出

『古事記』上巻、愛知県　真福寺（宝生院）所蔵、南北朝時代、国宝
写真提供／名古屋市博物館

録」という表現も序に記される言葉で、和銅四年九月十八日、詔があって、稗田《ひえだの》阿礼《あれ》（生没年未詳）なる人物が「誦習」（暗誦《あんしょう》のこと）してきた神話・歴史を、安万侶が文章化したのがこの書物だという。序では、口頭で記憶されてきた「フルコト」を文字に記述し、書物にする行為を「撰録」と言っており、この作業を安万侶が行なったという。

## 本居宣長による高い評価とその後の影響

『古事記』は日本を代表する古典であり、しばしば『日本書紀』とあわせて「記紀」と称される。さらに、日本人のものの考え方や心情の原点を知るには、『日

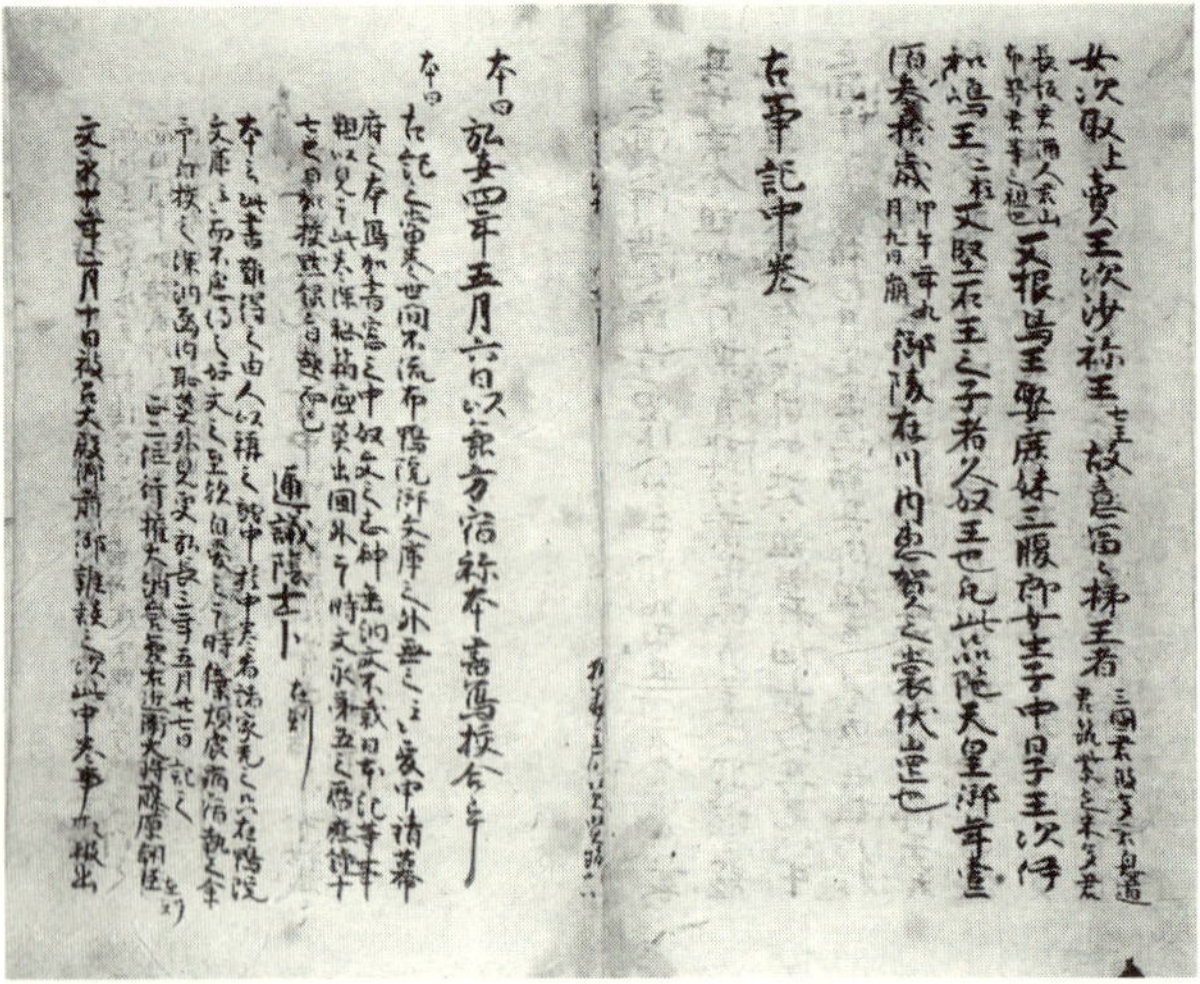


『古事記』中巻　同前

本書紀』よりもむしろ『古事記』だと評価されることも少なくない。たとえば、二十世紀後期に活躍した思想史家の丸山眞男（一九一四～一九九六）は、『古事記』を分析することによって日本の思想の「古層」（「原型」）を明らかにすることができると考えた［丸山眞男 一九九二］。

よく知られているように、『古事記』に対するこうした高い評価は、十八世紀後期に活躍した国学者の本居宣長以降のことである。宣長は、それまで評価が高くなかったこの書物を、生涯をかけて最高峰の古典の位置に押し上げた。宣長が著述した『古事記』の注釈書『古事記伝』は全四十四巻という大著であり、亡くなる少し前の寛政

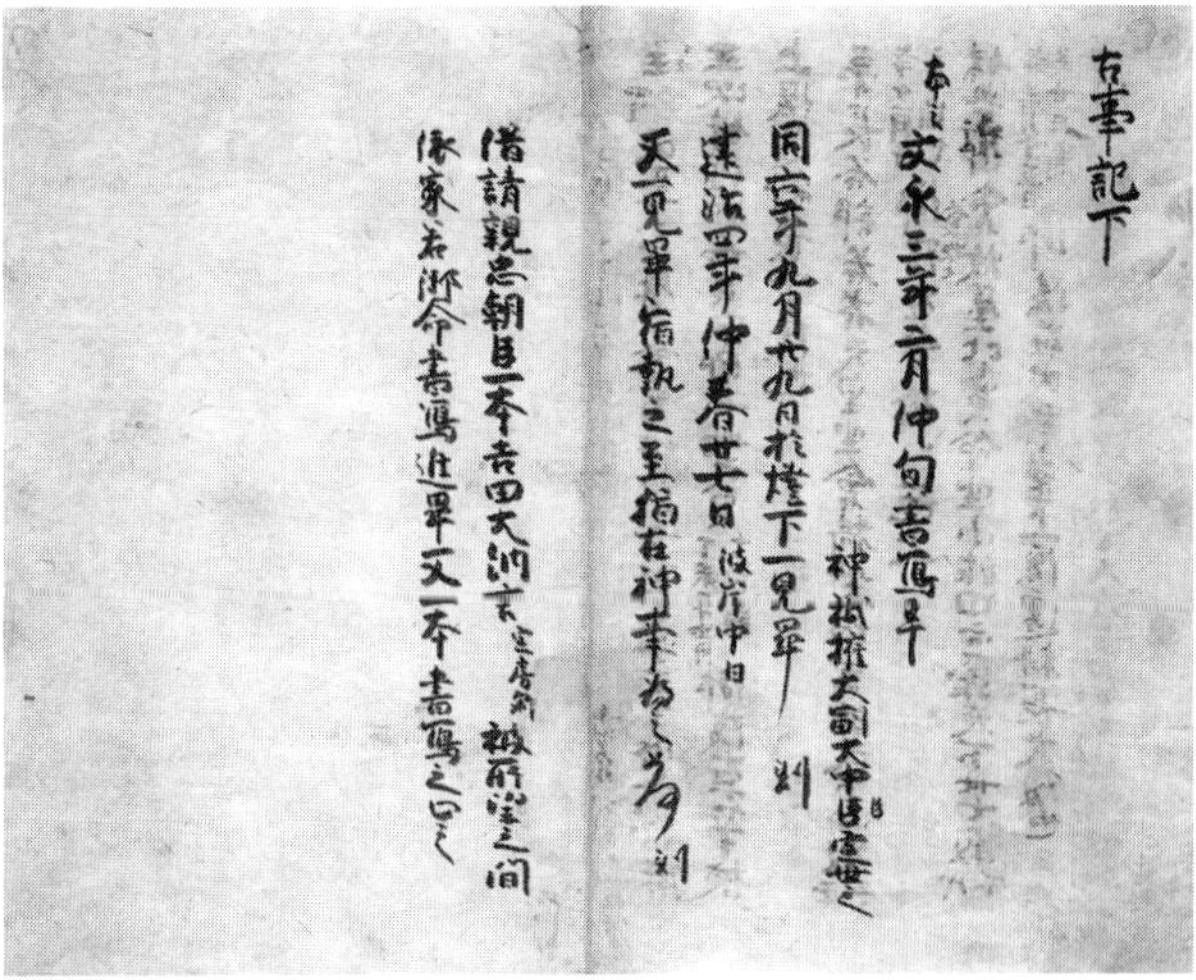

『古事記』下巻　同前

十年（一七九八）に完成した。

　宣長以前はどうだったのか［斎藤英喜　二〇一二］。『古事記』の古写本は多くなく、また『古事記』を引用する書物も多くない。それでも、たとえば神祇祭祀の家であり、『日本書紀』学者が輩出した家として知られる卜部《うらべ》家では『古事記』が熱心に読まれた。鎌倉時代、『古事記』の中巻は大変めずらしい本であったらしいが、卜部兼文《うらべのかねふみ》は苦心して中巻を借りうけて写本を作成した。兼文の子の卜部兼方は『釈日本紀』を著述した学者であるが、この書物には父がそろえた『古事記』が引用されている。

　また、神祇祭祀の学者で、『類聚《るいじゅう》神祇《じんぎ》本《ほん》源《げん》』（一三二〇年）の著者として知られる度《わた》会家行《らいいえゆき》も『古事記』をよく読み、『類聚神祇本源』に引用している。このように『古事記』は神祇祭祀の家、学者の家で読まれ、一部で珍重されていた。しかし、広く読まれ、高く評価されていたというわけではなく、日本の神話・歴史を考える上での副次的な書物という評価に甘んじていた。神話・歴史を考える基本は、何と言っても『日本書紀』だったのである。

それを宣長は逆転させて、『古事記』をナンバーワンの地位に押し上げようとした。この試みは大きな成果をあげた。特に近代になると、先にも述べたように、国家の意向もあって、『古事記』は『日本書紀』と並ぶ古典となり、「神典」とも言われるまでになった。これにより、私たちは『古事記』を日本を代表する古典であると認識している。

こうした高い評価は、したがって本居宣長説と言うことができるだろう。だが、宣長が亡くなってから二百年以上の歳月が流れた。私たちは宣長の『古事記』評価をどう評価すべきなのか。再考すべき時期に来ているように私には思われる。

## 『古事記』の真偽をめぐる論争

『古事記』については、江戸時代以来、偽書だとする見解が提起され、近代になるとその真偽をめぐってにぎやかな論争がなされてきた。「偽書」だと言うのは、具体的には、序が言うような七一二年太安万侶撰録というのは事実とは考えられず、別の年代に別の著者によってこの書物が著述されたとする理解のことである。

偽書説には、序を後人の偽作と見る説（偽書Ⅰ説）と、序も本文も後人の偽作だと見る説（偽書Ⅱ説）の二つがある。と言っても、先に説明したように、七一二年太安万侶撰録ということは序にしか記されていないから、序が偽作だということになると、途端に本文がいつ誰によって書かれたものであるのかがわからなくなってしまう。偽書Ⅰ説をとる論者の中には、本文についてだいたい七一二年頃の成立でよいだろうと見る説と、本文は七一二年より以前の成立だと見る説とがある。本文を七一二年よりあとの成立と見るなら、偽書Ⅱ説と同一の理解と言うことになるだろう。

『古事記』偽書説は、江戸時代末期の沼田順義《ゆきよし》（一七九二～一八五〇）、近代になって中沢見明《けんみよう》（一八八五～一九四六）、松本雅明（一九一二～一九九三）、筏勲《いかだいさお》（一九〇六～一九八四）、鳥越憲三郎（一九一四～二〇〇七）、大和《おおわ》岩雄などによって論説された［大和岩雄 二〇〇九］。

また、「紀前記後説」と呼ばれる見解がある。『古事記』と『日本書紀』は重なり合う内容を持つが、両者を比較してみるに、『日本書紀』は『古事記』を見ておらず、逆に『古事記』が『日本書紀』を見て書いている。そうであるなら、『日本書紀』が先に成立し（紀前）、『古事記』はその後に成立した（記後）と見るべきだと説くのがこの「紀前記後説」である。これは原田敏明（一八九三〜一九八三）、太田善麿《よしまろ》（一九一八〜一九九七）、梅沢伊勢三《いせぞう》（一九一〇〜一九八九）などによって主張された学説で、特に梅沢はその代表的論者である［梅沢伊勢三 一九六二、一九七六、一九八八ａｂ］。ただ、梅沢は『日本書紀』が七二〇年成立、『古事記』が七一二年成立だというのを否定しなかったから、二つの書物が成立した絶対年代と紀前記後の相対論とが矛盾してしまうという問題があった。

『古事記』が偽書か否かをめぐっては、かつては歴史学の代表的学会である史学会の『史学雑誌』や、『古事記』研究の代表的学会である古事記学会の『古事記年報』などを舞台に活発な論争が行なわれた。それは実り多い豊かな成果を生み出した。だが、今は『古事記』をめぐる議論は低調と言わざるを得ない。

私には、しかし、なお考究すべき論点は山積しているように思われてならない。たとえば、序と本文を別のものととらえる読解は可能なのか。あるいは、中沢見明以来多数の疑問が投げかけられてきた「大年神《おおとしのかみ》」の子孫の系譜を記す部分をどう読解すればよいのか。それらはやはり平安遷都以降の記述ではないのか［中沢見明 一九二九］。さらには冒頭の天地初発の部分の「久羅下那州多陀用弊流（クラゲナスタダヨヘル）」という記述は、日本紀講書以降のものと見るべきではないのか、などなどである。これら未解明の問題に正面から向き合い、『古事記』の成立年代について研究を深め、未決着の『古事記』真偽問題について解明することは日本の人文学の重要課題の一つになっている。

# 第十一章　真の聖徳太子伝をめぐる争い

## 『日本書紀』と仏教

これまで氏族の位置づけや神祇祭祀の権益をめぐる争いを中心に『日本書紀』とそれを取り巻く書物について考えてきた。ここで、仏教や寺院をめぐる書物についても言及したい。

『日本書紀』には仏教に関する記事が数多く記されている。欽明《きんめい》十三年（五五二）十月条には百済《くだら》の聖明王《せいめいおう》から仏教が伝えられたという、いわゆる「仏教伝来（仏教初伝）」についての記事が掲げられ、その後、欽明、敏達《びだつ》、用明、崇峻《すしゅん》、推古《すいこ》の各天皇の時代にわたって、仏教を受容、興隆するか否かの対立があったとする話が記される。それらの叙述は、歴史的事実に基づく実録的記事というよりも、後世に、ある思想・立場から構成された〈創作史話〉とすべきものだと私は読解している［吉田一彦 二〇一二］。

そこに登場する最大のスターは〈聖徳太子〉（厩戸王）で、彼がただ人ならぬ能力の持ち主であったと語る話がいくつも記され、日本の仏教は聖徳太子によって興隆をとげたと描かれる。『日本書紀』の記述に従うなら、日本仏教の開祖は聖徳太子であり、聖徳太子こそが日本の仏教の父ということになるだろう。

## 聖徳太子の寺院と『日本書紀』

今日、私たちは聖徳太子の寺院と言うと、法隆寺の名をまず思い浮かべる。けれど、それは近代の明治以後になってからの認識で、江戸時代まではそうではなかった。太子の寺と言えば、第一に名が出るのは大阪の四天王寺であった。この認識は、『日本書紀』の記述にしたがって形成されたものであった。

だが、明治時代になると、フェノロサ（一八五三〜一九〇八）や岡倉天心（一八六二〜一九一三）が美術史の観点から法隆寺の仏像、建築を高く評価し、しだいに両者の地位が逆転していった。岡倉らの評価は近代日本のナショナリズムの思想に好感をもって迎えられ、学校教育や修学旅行を通じて新しい国民的歴史常識が形成されていった。こうして、聖徳太子の寺と言えば、第一に法隆寺の名が思い浮かべられるようになり、「古代の微笑み」をたたえた金堂の釈迦三尊像や夢殿の救世観音像は聖徳太子のイメージと重ね合わされるように認識され、今日にいたっている。

では、なぜ江戸時代までは四天王寺だったのか。『日本書紀』を見てみよう。崇峻即位前紀に記される、物部守屋《もののべのもりや》討伐についての話である——蘇我馬子《そがのうまこ》は諸皇子・群臣を率いて物部守屋を攻撃した。だが、守屋軍は大変強く、馬子の軍勢は撤退を余儀なくされた。その時、馬子軍に参戦していた若き聖徳太子は、白膠木《ぬりで》（ウルシ科の木）で四天王像を作って頂髪に置き、もしこの戦いに勝つことができたなら「護世四王」（四天王のこと）のために寺塔を建立しましょうと誓願した。馬子は、諸天王・大神王に対して、もし勝つことができたなら、寺塔を建立し、三宝を流通させましょうと誓願した。そうして進撃すると、はたせるかな守屋を倒すことができた。こうして太子は「四天王寺」を造立することとし、守屋所有の奴の半分と「宅《やけ》」（経営体）を没収して四天王寺の資財とした。また、馬子は「法興寺」（飛鳥寺のこと）を建立したという。

このように、『日本書紀』では四天王寺は聖徳太子建立の寺院であり、仏教興隆（三宝興隆）の象徴的、中心的寺院だと記述されている。ただし、これらの記述がそのまま歴史的事実を伝えるというわけではなく、四天王寺の実際の歴史は、むしろ『日本書紀』の記述から一度離れて考察する必要がある。ともあれ、四天王寺は『日本書紀』では最重要寺院として大きく描かれ、それは後世に絶大な影響を与えていった。

これに対して、『日本書紀』での法隆寺の扱いははなはだ冷淡と言わざるを得ない。同書には「斑鳩寺《いかるがでら》」（法隆寺）に関する記事が四つ見えるが、そのうち法隆寺に好意的な記事は一つしかなく、他は中立的か、消極的な記事（焼亡記事）である。特に重要なのが、法隆寺が焼けて亡失したとする記事はあるのに、創建されたという記事がなく、いつ誰によって発願、創建された寺院なのかが明記されていないことである。『日本書紀』による限り、法隆寺が聖徳太子発願、創建の寺院なのかどうかは明確ではなく、いつ成立した寺院なのかも不明とせざるを得ない。

## 寺ごとに異なる伝記

今日、日本全国に聖徳太子建立と伝える寺院は数多くある。その中で最も有名なのは、四天王寺（大阪市天王寺区）、法隆寺（奈良県生駒郡斑鳩町）、広隆寺（京都市右京区太秦《うずまさ》）、橘　寺《たちばなでら》（奈良県高市郡明日香村）であろう。奈良平安時代の書物を見ると、これらの寺院はライバル関係にあり、聖徳太子の伝記や聖徳太子と寺院との関係をめぐって対立する説を主張していた。

聖徳太子の伝記の基盤を形成したのは『日本書紀』で、聖徳太子の生涯や事績についての基本的事項が記された。だが、その後もいくつもの聖徳太子伝が作成され、さまざまなエピソードが記された［飯田瑞穂　一〇〇〇］。

法隆寺においても聖徳太子の伝記が書かれたが、今日それは『上宮聖徳法王帝説』という書物として伝えられている。これは五つの部分から構成される聖徳太子伝で、法隆寺内で説かれた聖徳太子伝についての五つの断片的言説（それぞれ成立年代が異なる）を集めて一書にしたものである。一方、四天王寺でも何回か聖徳太子伝が書かれ、やがてそれは『聖徳太子伝暦《でんりやく》』という書物に大成された。これは近代にいたるまで聖徳太子伝の定番としてよく読まれたもので、十世紀後期頃の成立と考えられる。

さらに『上宮聖徳太子伝補闕記《ほけつき》』という書物がある。これは、その伝来、内容から見て広隆寺で成立した聖徳太子伝で、九世紀の成立と考えられる。また、今日では散逸してしまって、他の書物に引用される形でしか伝わらないが、『上宮厩戸豊聡耳《とよとみみ》皇太子伝』という書物があった。私見では、逸文から見て、これは橘寺系の聖徳太子伝で、延暦七年（七八八）以後、承和元年（八三四）以前の成立と考えられる［吉田一彦 二〇一一］。

これらの聖徳太子伝を読み比べてみると、その内容に大きな違いが見られ、生没年、年齢、命日のような基本情報にすらはっきりとした違いが見られる。それ以外にも、太子は病気で亡くなったのか、それとも無病のまま亡くなったのか。前世で使用していたという『法華経』はどうやって日本にもたらされ、今はどこにあるのか。彼の名は「豊聡耳」なのか、それとも

「豊聡《とよと》八耳《やみみ》」なのか。一度に十人の話を聞き分けたのか、それとも八人の話を聞き分けたのか。片岡山で歌われた歌はどのような歌で、亡くなった飢者の墓はどこにあるのか、などをめぐってさまざまな言説が飛びかった。伝記的事実の確定は、これらの寺院間の大きな争点になっていた。奈良平安時代以降、聖徳太子に対する顕彰そして信仰が大いに盛り上がるが、それはこうした言説対言説の戦いをエネルギーにして発展したものであった。

## 聖徳太子の死去年月日

聖徳太子の死去について、『日本書紀』は、「廿九年春二月己丑朔癸《きちゆうのさくのき》巳《し》、半夜、厩戸豊聡《うまやとのとよと》耳皇子命《みみのみこのみこと》、斑鳩宮《いかるがのみや》に薨《こう》ず」と記す。推古二十九年（六二一）二月五日聖徳太子死去説である。この説は四天王寺にそのまま継承された。

これに対し、法隆寺は全く違う死去年月日を主張した。『上宮聖徳法王帝説』第二部には、「壬午《じんご》年二月廿二日夜半に聖王薨逝しぬと聞く」とあり、第五部には、「甲午《こうご》年に産まれ、壬午年二月廿二日に薨逝しぬ〈生まれて卌九年。小治田宮のとき東宮となるなり。墓は川内の志奈《しな》我《が》の岡なり〉」とある。壬午年（六二二、推古三十）二月二十二日聖徳太子死去説である。法隆寺がこの説を主張する根本史料として提示したのが、金堂の釈迦三尊像光背銘文であった。また、法隆寺と四天王寺は、聖徳太子およびその仏教の師とされる慧慈《えじ》が病を発して亡くなったのか、病なくして亡くなったのかについても激しく争った。法隆寺は病死説、四天王寺は無病死説である。

一方、『上宮聖徳太子伝補闕記』は、死去年月日について「壬午年二月廿二日庚申《こうしん》に太子病なくして薨ず」とし、死去年月日は法隆寺説に追随した。しかし、法隆寺説全面追随というのでもなく、太子は無病にて亡くなったとし、この点で法隆寺説を否定している。こうして広隆寺は、四天王寺とも法隆寺とも異なる説を主張した。

さらに、『上宮厩戸豊聡耳皇太子伝』は、太子の死去年月日について「即位廿九年辛巳《しんし》春二月廿二日半夜、皇太子斑鳩宮に薨ず。時に生年卌九」としている。推古二十九年二月二十二日死去説である。この主張は、死去年は『日本書紀』および四天王寺の説をとるのに、死去日は法隆寺の説をとっており、両説の折衷説になっている。

## 聖徳太子の年齢と生没年

年齢はどうか。『日本書紀』は聖徳太子死去の記事に年齢を記載しておらず、『日本書紀』からは生年、年齢は不明とせざるを得ない。ただ、崇峻即位前紀（用明二年、五八七）の守屋征伐の「束髪於額（額にて束髪）」の本注に「古《いにしえ》の俗、年少児の年十五六の間は、額にて束髪す」とあるから、この時彼は十五歳または十六歳だったということになる。だとすると、聖徳太子は五七三年もしくは五七二年の生まれで、推古二十九年（六二一）の死去時には、四十九歳もしくは五十歳だったということになる。『日本書紀』からうかがえる彼の年齢は一歳の幅のあるものだった。

四天王寺はどうか。『聖徳太子伝暦』には、守屋征伐のところに「是時太子生年十六」とある。四天王寺は、『日本書紀』の十五歳もしくは十六歳という設定の中から十六歳を採用して、これを同寺の太子の年齢についての公式見解とした。これでいくと、敏達元年（五七二）の生まれで、推古二十九年（六二一）の死去時には五十歳だったということになる。

法隆寺は、しかしこの説を認めようとはしなかった。『上宮聖徳法王帝説』第四部には、守屋征伐のところに「聖王生十四年也」とある。法隆寺にとって『日本書紀』そして四天王寺の説は否定の対象だった。この十四歳説でいくと、太子は敏達三年（五七四）の生まれで、法隆寺が主張する推古三十年（六二二）の死去時には四十九歳ということになる。

一方、広隆寺系の太子伝である『上宮聖徳太子伝補闕記』には、守屋征伐のところに「太子生年十四」とあって、法隆寺説に追随する説が見える。さらに、法空『上宮太子拾遺記』第一には、「明一伝に云く（中略）、是の時厩戸皇子は生年十五なりと云々」とある。この『明一伝』は『上宮厩戸豊聡耳皇太子伝』と同一の書物と考えられる。橘寺系の『上宮厩戸豊聡耳皇太子伝』は死去年月日について推古二十九年二月二十二日とする折衷説を採っていたが、年齢についても同様に守屋征伐の時に太子は十五歳だったとする折衷説を主張した。

ここで聖徳太子の年齢と生没年に関する諸説をまとめておこう。

①『日本書紀』は聖徳太子の生年、年齢を明記していない。ただし、用明二年（五八七）の守屋征伐の時に十五、十六歳の間であったと設定している。没年は六二一。
②『聖徳太子伝暦』（四天王寺系）は守屋征伐の時十六歳。生没年は五七二〜六二一。
③『上宮聖徳法王帝説』（法隆寺系）は守屋征伐の時十四歳。生没年は五七四〜六二二。
④『上宮聖徳太子伝補闕記』（広隆寺系）は守屋征伐の時十四歳。生没年は五七四〜六二二。
⑤『上宮厩戸豊聡耳皇太子伝』（橘寺系）は守屋征伐の時十五歳。生没年は五七三〜六二一。

## 四天王寺の〈加国史〉と法隆寺の〈反国史〉

これらの書物では、聖徳太子のさまざまな事績について、実に細かいところまで神経を張り巡らした叙述がくりひろげられている。それはライバル寺院の主張を否定したり、無化してしまおうとする叙述であった。これについて詳しくは別著を参照されたい［吉田一彦 二〇一二］。

そこであらためて問題になるのが『日本書紀』の記述との関係である。『日本書紀』は、聖徳太子に関しても、すべての言説の源流となる書物として君臨していた。したがって、各寺院にとって『日本書紀』の記述との関係をどうするかは根本の問題になっており、そのことがそれぞれの伝記に直截《ちょくせつ》に反映された。

『日本書紀』では、四天王寺ははっきりと聖徳太子発願、創建の寺院とされ、仏法興隆（三宝興隆）の象徴的、中心的寺院と描かれているのに対し、法隆寺はそうなっていなかった。四天王寺は『日本書紀』の記述を自らの寺の最大の特色であると位置づけ、聖徳太子信仰を寺の根本のコンセプトとした。聖徳太子の諸々の事績や四天王寺と聖徳太子との関係については、『日本書紀』の記述に依拠すればよく、それを継承、発展させれば事足りた。

これに対し、法隆寺は、聖徳太子信仰に関して、四天王寺に大きく後れをとって出発せざるを得なかった。『日本書紀』の記述によるばかりでは、四天王寺の後塵《こうじん》を拝するよりなかった。そのため、法隆寺は『日本書紀』の記述をあえて否定するような言説をしばしば主張した。

それは、先に述べた忌部氏の『古語拾遺』、高橋氏の『高橋氏文《うじぶみ》』、あるいは物部氏の『先代《せんだい》旧事本紀《くじほんぎ》』とよく似ている。これらの書物が、『日本書紀』を中心にしてそれを取り巻くように書かれたのと同じように、法隆寺の『上宮聖徳法王帝説』、四天王寺の『聖徳太子伝暦』、広隆寺の『上宮聖徳太子伝補闕記』、橘寺の『上宮厩戸豊聡耳皇太子伝』も、『日本書紀』を中心にして、それを取り巻くように書かれた書物であった。

## 「古」という価値

『上宮聖徳太子伝補闕記』をひもとくと、冒頭に『日本書紀』『暦録』『四天王寺聖徳王伝』には具《つぶさ》に行事奇異の状が書かれているが、委曲《いきょく》を尽しておらず、憤憤《ふんぷん》として堪えがたかった。そこで「耆旧《ききゅう》」を訪れ、「古記」を探したところ、「調使《つきのおみ》」「膳 臣《かしわでのおみ》」の二つの「家記」を得た。大抵は古書と同じだが、奇異の説もあって捨てがたいのでこれを録したと記されている。

これは、聖徳太子の行状について、『日本書紀』や四天王寺系の『暦録』あるいは四天王寺の聖徳太子伝には大切なことが書かれていないので、「古記」を探していたところ、幸いにも調氏の「家記」と膳氏の「家記」を手に入れることができたので、それを題材にこの書物を著述したと言っているのである。

さらに先を読み進めていくと、秦 川勝《はたのかわかつ》の大活躍の物語や、広隆寺の歴史に関する新事実、つまり『日本書紀』には記されていない事柄があれこれと書かれている。ただ、それらの記述は広隆寺の権益に直結するようなものばかりで、この書物が広隆寺が自らの権益を主張したものであることは明白である。その際、この主張が『日本書紀』よりも古く、正しいのだということを述べるために、「古記」「家記」なるものが引き合いに出されている。この論理はこれまで紹介してきた書物と全く同じである。

『聖徳太子伝暦』はどうか。こちらも下巻末尾に、聖徳太子の伝記については、『日本書紀』『在四天王寺壁聖徳太子伝』『無名氏撰伝補闕記』などに記されているが、それらは委曲を尽していない。今、「難波の百済寺の老僧」に逢うことができ、「古老」が録し伝えた「太子行事奇縱之書三巻」「四巻暦録」を手に入れることができた。それを年暦と比挍（比較）したところ一つとして錯誤がないので大いに悦んだとある。だから、この書物も「古老」から得た資料に基づいて著述した書物だと自ら主張するのである。しかし、その内容を見ると、四天王寺の立場からの聖徳太子伝が縷々《るる》述べられており、「古老」云々の話はその権威づけのために記されたものと読むよりない。

なお、ここの『無名氏撰伝補闕記』とは、広隆寺の『上宮聖徳太子伝補闕記』を指しており、『聖徳太子伝暦』が『上宮聖徳太子伝補闕記』の記述を論駁《ろんばく》することを目的の一つにしていることが知られる。また、文中の〈委曲を尽す〉という表現も、『上宮聖徳太子伝補闕記』冒頭で用いられていた表現を意図的になぞったものであって、委曲を尽していないのはむしろ『上宮聖徳太子伝補闕記』だということを述べようとしているのである。

以上、『上宮聖徳太子伝補闕記』も、『聖徳太子伝暦』も、自らの主張を述べる時には、「古」の持つ価値によりかかり、本当は古いものを手に入れてなかったとしても、古いもの、すなわち正しいものに依拠して著述しているのだと主張したのである。

# 第十二章　『日本霊異記』――仏教という国際基準

## 仏教説話集が語る「霊異」の話

前章まで、『日本書紀』がどのような書物なのかについて考え、あわせてそれを取り巻くように書かれたたくさんの書物について考えてきた。では、奈良時代や平安時代前期に『日本書紀』を基軸とした世界とは一線を画した書物はなかったのだろうか。別の枠組（パラダイム）に足を踏み出した書物と言ってもよいかもしれない。そうした書物はなかったのか。

私は、ここで『日本霊異記』に注目したい。『日本霊異記』は正式には『日本国現報善悪霊異記《げんぽうぜんあくりょういのき》』と言い、上中下の三巻で、上巻、中巻、下巻それぞれに序があり、全部で一一六条の説話を収めている。撰者《せんじゃ》は薬師寺の僧の景戒《きょうかい》。弘仁十三年（八二二）以降まもなくの成立である。これは日本最初の仏教説話集で、漢文体で記された書物である。

『日本霊異記』は日本で起こった「霊異」の話を集めた書物である。「霊異」とは、仏教の不可思議の力によって起こる超自然的、超人間的な現象のことで、簡単に言えば、これこれの奇跡が起こったとか、このような仏罰が下ったというような話を集めたものである。

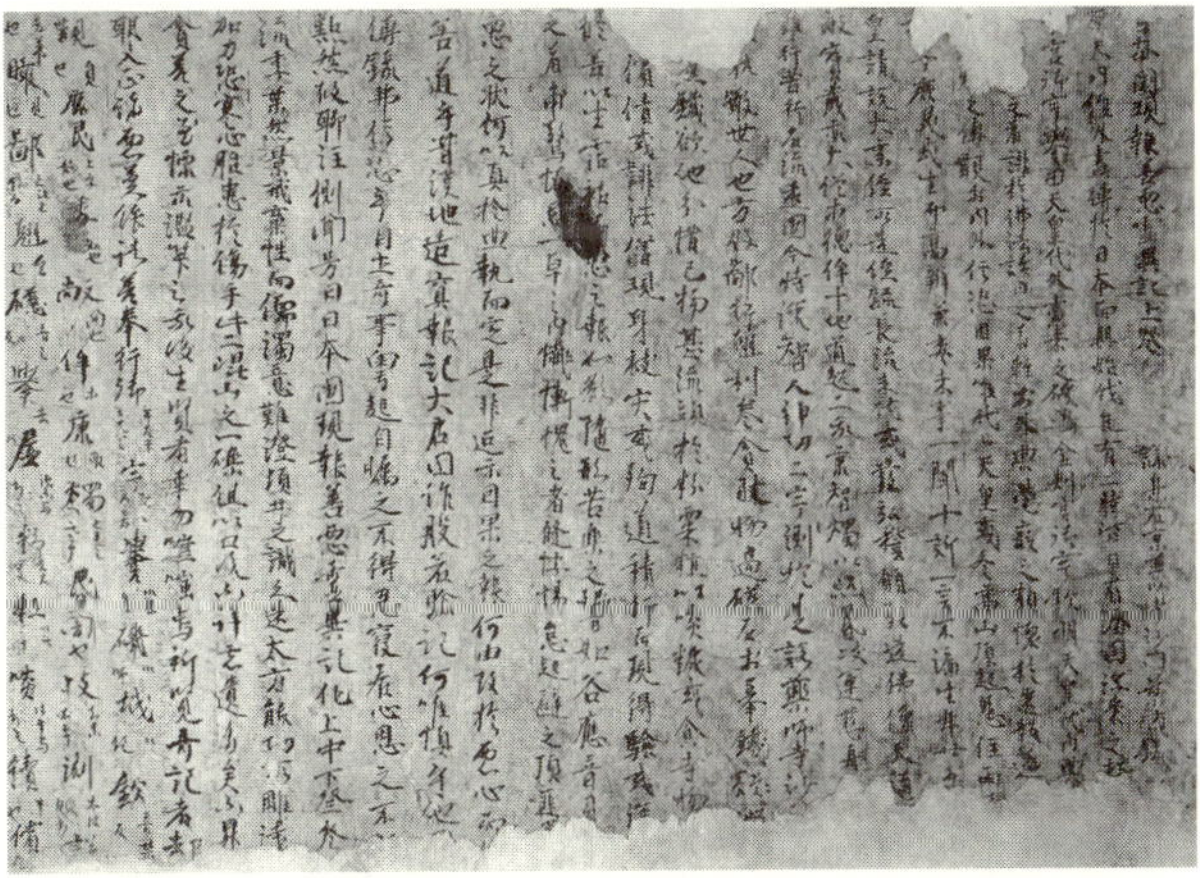

『日本霊異記』上巻　興福寺所蔵　国宝　平安時代

たとえば、火事になって寺が焼けたのに、仏像だけは自ら建物から飛び出して焼けなかったという話。耳が不自由になった人が禅師を招いて礼拝、読経したところ、耳が聞こえるようになったという話。観音像に銭と米と美女をくださいと祈願したところ、手に入れることができたという話。仏教の力で命が助かったという話。災難をまぬがれたという話。幸せになったという話。仏像や経典、さらには偉い僧や尼が示したというさまざまな不可思議の話などなどである。

一方、仏教を軽んじた者にバチがあたったという話もいくつもある。子どもがたわむれに作った仏像をバカにして壊してしまった人物がたちまち死んでしまったという話。三宝を信じない男が乞食僧を迫害したところ、たちまち死んでしまったという話。僧を迫害した者が呪縛されて身動きできなくなってしまったが、別の禅師の誦経によって助かったという話。お寺の物を借りたのに返さなかった人が牛に生まれ変わって働いて返済したという話。死んで地獄の世界を実見したが、生前の仏教の功徳によってよみがえることができたという話などである。地獄の情景が詳しく描かれる話もあるし、閻魔王《えんまおう》や鬼も登場する。

## 歴史書でも文芸書でもない

『日本霊異記』は、今日、日本文学（国文学）研究者や、日本史研究者によって研究が進められ、校注本が刊行され、たくさんの研究書が出版されている。たしかに、この書物に描かれる説話は話自体がとても面白く、またのちの『三宝絵』『今昔物語集』へとつながっていく日本の説話集の最初にあたるものである。日本文学を研究する際に重要な書物の一つになることはまちがいない。

また、歴史史料としてもとても価値あるもので、律令格式といった法の条文からは知ることができない社会の実態や人々のありさまがなまなましく具体的に描かれている。六国史のような国家編纂《へんさん》の歴史書（「国史」）からは知ることができない地域社会の姿をうかがい知ることができるのもありがたい。だから、とても貴重な歴史史料なのである［吉田一彦 二〇〇六a］。

しかし、では『日本霊異記』は歴史書なのかと言えばそうではないし、文芸書なのかと言えばそうではない。撰者の景戒は、歴史を叙述するためにこの書物を書いたのではなく、また文学作品として書いたのでもない。景戒は、仏教のありがたさ、霊異の不可思議さを語るために、また因果応報のありがたさと恐ろしさを語るためにこの書物を著述した。だから、『日本霊異記』は宗教書なのであり、仏教の力を具体的な霊験譚《たん》から示した「仏書」なのである。

私は、『日本霊異記』が『日本書紀』を中心とする書物群の世界からはみ出したものになっているのは、このことによるのだろうと思う。仏教説話集には別の価値観や世界観があった。

## 自土の奇事

『日本霊異記』は、中国に数多く見られる「霊異」がこの日本にもあるのだということを多くの事例をあげて述べる。上巻序には次のようにある（原漢文を書き下し文にした。書き下し文は［中田祝夫 一九九五］に基づき、私見を加えた）。

昔、漢地にして冥報記《みょうほうき》を造り、大唐国にして般若験記《はんにゃげんき》を作りき。何ぞ、唯し他国の伝録をのみ慎みて、自土の奇事を信じ恐りざらむや。（中略）故に聊《いささ》かに側《ほのか》に聞けることを注し、号して日本国現報善悪霊異記と曰ふ。上・中・下の参巻と作《な》し、以て季《すえ》の葉《よ》に流《つた》ふ。

かつて中国では『冥報記』や『金剛般若経集験記』が作られ、霊異の話が語られた。しかし、他国の記録ばかりを恐れ慎みて、自国の不可思議の事を恐れないというようなことがあってよいだろうか。それゆえ、側聞した話を集めて『日本国現報善悪霊異記』と名づけ、上中下の三巻として後世に伝えることにしたのだという。

このうち『冥報記』は唐の唐臨の著で、永徽年間（六五〇〜六五五）の成立。「報」をめぐる話を多く集めた仏教説話集である。『金剛般若経集験記』は唐の孟献忠の著で、開元六年（七一八）の成立。『金剛般若経』の力の不可思議さ、そしてこの経典が示した霊験譚を収録した仏教説話集である。

『日本霊異記』は、これら中国の書物の影響を受け、それらを強く意識しつつ、しかし仏教の「霊異」は中国だけでなく、この日本（自土）でも現われており、「自土の奇事」があるのだということを、具体的事例に即して論述した。この「自土の奇事」という記述は、すでに先人の研究でも注目されているが［多田一臣 一九八八］、私も重要だと思う。日本に顕現した奇《くす》しき事を記すことはこの書物の主題であった。そうした中国仏教へのある種の対抗心は、自国意識の現われであり、書名につけられた「日本」の語にはその自意識が表出されている。それはナショナリズムの萌芽《ほうが》、あるいは平安時代初期なりのナショナリズムと言うべき思想であった。

## 仏教説話集の国際性

仏教はアジア東部に共通する国際的な宗教であった。それはインドから中国へと伝播《でんぱ》し、経典が中国語（漢文）に翻訳され、また仏像や経典が示したという神異・霊験がさまざまに説かれた。『日本霊異記』が影響を受けたという『冥報記』『金剛般若経集験記』は、中国で書かれた書物であるが、のち日本で大切に伝えられ、日本に古写本が残った。近年ではこれらについての研究が進展し、『冥報記』の訳注本や研究書が刊行され［伊野弘子 二〇一二］、『金剛般若経集験記』の注釈作業が進められている［山口敦史他 二〇一三～六］。

『冥報記』や『金剛般若経集験記』では、善悪の報と因果の理が語られ、仏教の不可思議の力が説かれる。そして、経典を受持《じゅじ》・読誦《どくじゅ》する功徳が絶大であるとする話、死んで地獄をめぐったのちによみがえったという話、鬼神がこの世にあらわれたという話などが語られる。『日本霊異記』は中国のこうした書物と同質の主題やモティーフを持つ書物なのである。

仏教の霊異は国境を越えて語られ、書物にまとめられた。中国と日本には社会・文化の構造に違いがあるから、これらの説話を見比べてみると、そこに起因すると考えられる違いが見られる。しかし、そうした違いを越えてあまりある共通性、連続性が見られることを見逃してはならない。その共通性、連続性は、また韓国やベトナムの仏教説話にも見られ、アジア東部の仏教信仰に広く見られる特質とすべきである。

## 『日本霊異記』の特色1――国際意識

『日本霊異記』の特色の一つはこの国際性にある。撰者の景戒が意識していたのは中国の仏教であり、さらにその向こう側には釈迦が出現したという天竺《てんじく》があった。景戒は仏教の霊異がさまざまに顕現している中国の地に価値を認め、中国を強く意識し、対抗心すら持った。そして、日本に顕現した霊異を見つめようとしたのである。こうした国際意識は『日本霊異記』の大きな特色である。

それは、前章までに見てきた『日本書紀』とそれを取り巻くように成立した書物群とは大きく異なる。それらの書物は、氏族の地位格式・権益や寺院の地位格式・権益を主張するものであり、日本一国内における所属集団の利益を追求するものであった。そこでは、自らの主張に説得力を持たせるために「古記」「旧事」によって書かれていることが言及され、そこに価値が求められた。

しかし、『日本霊異記』が説く仏教信仰では、価値の源泉は「古」とか「旧」に求められるものではなく、中国、朝鮮、そしてインドの仏教にあり、仏菩薩や経典、あるいは特別の力を示す僧尼に求められた。だから、そもそもの価値観や世界観が大きく異なるし、著作目的が全く違うのである。

## 『日本霊異記』の特色2――著者の独白

もう一つの特色は、著者の景戒がこの書物で自身の内面を吐露していることである。『日本霊異記』下巻第三十八は、景戒が自分の私生活や個人的な思いについて語る自伝的な一話である。景戒は、そこで、延暦六年（七八七）九月四日、慙愧《ざんき》の心を起こし、夢のお告げによって生き方を大きく変えたと自ら述べる。

> 僧景戒、慙愧の心を発し、憂愁《うれ》へ嗟《なげ》きて言《もう》さく、嗚呼《ああ》恥しきかな、羞《やさ》しきかな。世に生まれて命活き、身を存《ながら》へむに便無し。等流果《とうるか》に引かるるが故に、愛網《あいもう》の業を結び、煩悩《ぼんのう》に纏《まつ》

はれて生死を継ぐ。八方《やも》に馳《は》せて生ける身を炬《こが》し、俗家に居て、妻子を蓄ふ。養ふ物無く、食ふ物无し。菜无く、塩无く、衣無く、薪無し。毎《つね》に万物無くして、思ひ愁へて、我が心安からず。昼も復《また》飢《う》ゑ寒《こ》い、夜も復飢ゑ寒ゆ。我、先の世に布施《ふせ》の行を修せず。鄙《とひと》なるかな我が心。微《いや》しきかな我が行。（後略）

景戒は、僧でありながら「愛網の業」「煩悩」にまとわりつかれ、結婚して妻子を持ったが、生活は大変貧しく、日々の物資にもこと欠くありさまで、飢え、寒く、思い愁い、心安らかならぬ毎日を送っていた。それは前世に布施を行なわなかったからではないかと考えた。

その夜、夢を見た。夢の中で景戒が知り合いの乞食の沙弥にわずかの白米を施し与えたところ、『諸教要集』という書物と、それを書写する紙を与えられた。景戒は、この人物は実は観音の変化にほかならず、白米を乞食の沙弥に施す行為は「大白牛車《だいびやくごしや》」を得ることにあたるのだと夢を解釈したという。

ここの「大白牛車」とは『法華経』の言葉で、さとりへと導く大きな乗り物のことである。『日本霊異記』の著者の景戒は、右の引用のように、自分の個人的な貧しい生活のありさまや内面の悩みまで赤裸々に告白する。こうした内面の吐露は、『日本書紀』はもちろんのこと、同時代の他の書物に見られない、『日本霊異記』下巻第三十八の大きな特色である。これはのちの時代の書物の先駆けとなるものだと思う。

以上、私は『日本霊異記』には、①国際性、②個人性という二点に大きな特色が見られると考える。それは、『日本書紀』とそれを取り巻くように書かれた書物群とは異なるものであり、次の時代へとつながっていく特色なのだと考える。

# 終章　『日本書紀』の呪縛を越えて

## 『日本書紀』の力

『日本書紀』は日本で書かれた最初期の書物の一つであり、養老四年（七二〇）に完成するとただちに大きな権力を持つ書物としてそびえたった。それは、天皇制度の成立を承《う》けて、日本の「天皇」の政治思想を明示することを目的に書かれた書物であり、政権中枢が天皇の名のもとに過去を「記定」した書物であった。

『日本書紀』は天皇の政治思想を神話および歴史として語るものであったから、それは太初以来の過去を一つに規定する書物として具現化された。これによって唯一の過去が制定され、それまで語られていたであろう他の過去は見えなくなってしまった。唯一の神話・歴史がこの書物に記述されることになり、それが国家の公式見解となった。

『日本書紀』は、その後時間の経過とともに、権威として君臨する書物となっていった。氏族たちにとって、自分たちが『日本書紀』にどのように書かれたかは、それぞれの地位格式や権益に直接関係する重要事項であった。彼らの中には『日本書紀』の記述によって地位格式や権益が安定した氏族があったが、その一方、その記述に対して納得できない不満や、許すことができない強い憤りを持つ氏族もあった。それら賛否織り交ぜてのエネルギーは深く大きく沈潜し、次なる書物を準備していった。

## 『日本書紀』を取り巻く書物

奈良時代末期から平安時代初期にかけて、『日本書紀』を継ぐ第二の国史として『続日本紀《しょくにほんぎ》』が編纂された。これまで述べてきた通り、この書物の編纂はさまざまな人々の思惑の中で複雑化し、途中まで作ってもやり直しになったり、書き直しになったりして、紆余曲折の末にやっと完成にたどりついた。その間、これがどのような書物になるのか、ある氏族は期待感をもって見つめ、別の氏族は不安な思いをもって見つめていた。そして、延暦十六年（七九七）、ようやく『続日本紀』が完成した。それは蓋を開けてみると、実録のスタイルの歴史書として書かれており、『日本書紀』が提示した根本の理念はもちろん、氏族たちの地位格式や権益を書き換えるようなものにはなっていなかった。

『日本書紀』の記述を継承してきた氏族たちはこれを当然のことと受け止め、安堵《あんど》した。以後彼らは、日本紀講書などの場で『日本書紀』について学び、自分たちの氏族の権益の来歴を確認した。それは、また貴族社会全体の権益の根源を確認する作業でもあった。

だが、そうではない氏族も一方にあった。『日本書紀』の編纂に参与し、その記載内容の記定にも関わった忌部氏は、その後の中臣《なかとみ》氏との長い対立の中で、『日本書紀』に対して不十分感を懐いていた。そして、辛い桓武《かんむ》天皇の時代が過ぎ去り、平城《へいぜい》天皇の時代になると、『古語拾遺《こごしゅうい》』を著わして長年蓄積してきた鬱憤を吐き出した。それは忌部（斎部）氏が主張するもう一つの過去を書き記すものになっていた。ただ、この書物を詳しく読むと、神話・歴史の大枠は『日本書紀』を前提にしており、その枠内で『日本書紀』とは少し異なる過去を記すものになっている。だが、著者の斎部広成《いむべのひろなり》にとってその〈少し〉の違いは、決定的に重大な差異であった。その少しの差異は、斎部（忌部）氏の格式や権益に直接関わるものであった。

斎部氏ほどでないにしても、国史に不満足感を懐く氏族たちは、国史とは別の書物の作成を望んだ。政府はその思いを吸収し、また雲散させるために『新撰姓氏録《しんせんしょうじろく》』を作成した。それは、氏族たちの主張を一応聞いた上で中身を取捨選択し、その幾分かを記載内容に反映させるという方針で編纂された。こうして、国史とは少し異なる氏族の歴史が記された。しかし、その〈少し〉の違いは、氏族たちにとって大変重要な差異であった。

その間、高橋氏は、『日本書紀』に依拠しつつも、それに少しの独自の主張を盛り加えた書物を書いた。『高橋氏文《うじぶみ》』と呼ばれる書物がそれである。

やがて、日本紀講書が進展し、注釈の中で新たな言説が生み出されるようになると、「古」「旧」に関して種々の言説が飛び交うようになり、その中で偽書が作成されるようになった。これを好機ととらえたのは物部《もののべ》氏であった。物部氏は持統《じとう》天皇が即位（六九〇年）した頃はなお権力の中枢部にいたが、まもなく令の条文策定の頃までに力を失いはじめ、『日本書紀』（七二〇年）に氏族としての地位格式を低く書かれてしまった。物部氏の末裔《まつえい》たちは、八世紀前中期以降しだいに下降線をたどる歴史を余儀なくされた。それが、長年の鬱屈をぶつけるように著わした偽書が『先代旧事本紀』であった。

さらに、聖徳太子信仰を中心に据える寺院の間でも、『日本書紀』を継承する寺院と、『日本書紀』に反発する寺院、さらに両者の中間の立場の寺院があり、それにしたがって種々の聖徳太子伝が書かれた。

## 『日本書紀』の規範性

これらの書物は、『日本書紀』の記述を前提として書かれており、『日本書紀』が語る神話・歴史の枠組の中で主張をくりひろげている。そこには、『日本書紀』を継承するか、あるいは

『日本書紀』に依拠しつつ少しの付加をするか、さらには『日本書紀』とは異なる歴史を語るかという立場の違いが見られるが、しかし、いずれも『日本書紀』を輪の中心のようにして言葉を発し、論議を展開している。これらの書物が書かれることによって、『日本書紀』はますますその存在感を大きくしていった。

そうした中で、『日本書紀』をおびやかそうとする書物が出現した。一つは『先代旧事本紀』である。これは『日本書紀』より成立が古い書物だとする虚偽の自己申告を行ない、それが人々に受け入れられて、『日本書紀』と並び立つ地位を手に入れることに成功した。しかし、本当に古い書物なのか。江戸時代以降、これについての研究が進み、偽書であることが判明して、その地位を失った。

もう一つは『古事記』である。これは長く評価の低い書物であったが、本居宣長によって『日本書紀』以上に価値がある書物であり、日本人の心を伝える古書であるとされて、一気に評価が高まった。これによって、『先代旧事本紀』に代わって『古事記』が『日本書紀』と並び立つ書物になり、「記紀」と併称されるようになった。しかし、『先代旧事本紀』にしても『古事記』にしても、『日本書紀』と並び立つ地位までたどり着くことはできても、それを追い越して単独首位の座につくことはできなかった。それは、これらが『日本書紀』と同じ枠組の中で書かれた書物だったからである。

時代が平安時代から、鎌倉時代、室町時代、そして江戸時代へと進んでも、日本の歴史や政治を語る時には中心にいつも『日本書紀』があった。『日本書紀』は日本の歴史や政治を考える原点であり、規範であった。

## 近代日本と『日本書紀』

近代になると、明治の新政府は王政復古の思想のもと、『日本書紀』を最も重要な古典だと位置づけた。日本の国家の来し方と行く末を考える時、あるいは〈国体〉を考える時、『日本書紀』はどっしりとその中央に存在した。

近代と言うと、本当は〈史料批判〉に基づく、合理的で実証的な歴史学が発達しなければならないはずである。しかし、明治、大正、昭和前半期の歴史学、特に日本古代史研究では、『日本書紀』を対象化し、徹底的に解析しようとするような研究は、津田左右吉の研究を除いては進展することがなかった。『日本書紀』は近代日本の国体を支える書物であったから、これについて正面から実証的で批判的な研究を行なうことはむずかしかった。一方では神典としてまつりあげ、他方では敬して遠ざけたのである。

戦後、学問の自由、表現の自由が保障される世の中になり、日本古代史の研究はそれまでの圧迫感から解放され、自由な視座からの論究が可能になった。これにより、歴史学の研究方法の基本というべき〈史料批判〉を重視した研究が行なわれるようになり、『日本書紀』の記述がどのような性格のものなのかが正面から考究されるようになった。あわせて、考古学の研究が進展して、木簡が土中に残存していることが認知されるようになり、出土した木簡の記載が詳細に研究されるようになった。また、国文学・国語学からの研究が進み、『日本書紀』の編纂者たちが用いた中国の類書が何であったのかが判明した。さらに、『日本書紀』の言語表現を分析した巻ごとの区分論研究が進み、これがどのように書き進められた書物であるのかが解明された。これらによって『日本書紀』の研究は大きく進展した。

しかし、『日本書紀』の存在感は今なお大きく、私たちの歴史認識の前に立ちふさがってなかなか前進を許さない。『日本書紀』が一つの政治的立場から記された政治的主張の書物であること、事実に基づくとは認められない創作による記述が多いこと、政権中枢部の権力者たちの思想を表現した書物であること、といった基本的理解が私たちの共通認識として確立されるところまでは至っていない。『日本書紀』は簡単には解析を許さず、長い歴史の中で形成された規範性は私たち現代人にもなお重くのしかかっている。

## 『日本書紀』の呪縛を解く

『日本書紀』は日本の過去をありのままに記したような書物ではない。それは、権力の座についた氏族たちが自分たちの権力の根拠と正統性を神話と歴史から述べた政治の書物であり、過去を支配することを目的とした書物であった。

時間とはどのようなものか。過去は過去だけで存在するものではなく、連続した時間の中で、つねに現在や未来と関連して存在する。『日本書紀』は過去を規定するが、それだけではなく、それによって現在や未来をも規定した。過去を支配しようとすることは未来を支配しようとすることであった。

『日本書紀』の呪縛とは、『日本書紀』が過去を縛るとともに未来を縛ってきたことを指している。天皇を中心とする権力のあり方、天皇を補佐する者による政治の姿、神まつりから仏教にいたる宗教のかたち――『日本書紀』は国家のかたちを定め、歴史や政治の原点になる書物として君臨してきた。

私たちは、そろそろこの書物が規定する枠組から自由にものを考えるようになってもよいのではないか。私たちの新たな未来を構想するには、『日本書紀』に記される歴史が相対的なものであることを認識し、この書物が描く歴史とは異なる歴史が存在することをイマジネーション豊かに内面化することが必要になる。

## 『日本書紀』の徹底的な分析をめざして

『日本書紀』は、今からはるかに遠い過去の養老四年（七二〇）に完成した書物である。そうした昔の本は、現代の私たちとはほとんど関係しないのが普通である。だが、この書物は少し違う。『日本書紀』は、二一世紀を迎えた今も、私たちの中に一定の位置を占めて生き続けている。

『日本書紀』を相対化することによって、私たちははじめて自由に歴史を考える視座を手に入れることができるし、客観的に歴史を認識する方途を得ることができる。それには、この書物が語る思想の特質や成立の過程を解析し、その姿を白日のもとにしていく作業が必要になる。それは日本の人文学の大きな研究課題であると思う。私は、私たちの前に存在する『日本書紀』をさらに詳細に読解しなければならないと考えている。

# あとがき

『日本書紀』との関わりはもう長い。最初に手に取ってから四十年以上、本気で読むようになってから三十年以上がたった。いつかはこの書物について、自分なりの読解を示したいと思うようになってからもかなりの月日が経過した。

シリーズ「本と日本史」のお話をいただき、神田神保町の集英社会議室に集まったのは二〇一〇年七月二十五日のことで、企画の趣旨について説明と討論がなされた。中心にいたのは大隅和雄先生で、本、あるいは文字で記されたものに刻まれた知の枠組を探求し、一つの時代の文化や社会を考え、そこから日本の歴史を読み解きたいと語った。

続いて龍澤武さんが、時代を代表する本が持った影響力、その思想、その背景について考えたいと語った。そして、私たちは、今、書物が衰退の一途をたどる時代に居合わせており、そうした現在から過去を振り返り、本をめぐる秩序について考え、その歴史的な変遷を明らかにしたいと述べた。

私は、この企画は本自体を対象化して考えることによって、日本の歴史や文化を研究してきた人文学自体を再考するシリーズになるのかもしれないと受け止めた。それならば、長く格闘するように読み進めてきた『日本書紀』と、それを取り巻くように書かれた書物たちについて、これまで考えてきたことを一冊にまとめてみようと心に決めた。

このシリーズでは、著者が構想を述べ、各著者と編集者で討論する研究会が行なわれることになり、二カ月後の九月十九日に第二回目のミーティングが行なわれた。この日は、時代順で第一巻を担当することになった私が、まだ熟していないおぼろげな構想を、「『日本書紀』の成立とその後の書物」と題して報告した。大隅先生、龍澤さん、大西廣さん、太田昌子さん、神田千里さん、増尾伸一郎さん、そして編集部の落合勝人さんから多くの貴重な質問と意見を頂き、私はそれを宿題として家に持ち帰った。

その後、各著者が順番に構想を報告し、一人二、三回くらいの報告をした。研究会では毎回大変刺激的な議論がなされ、私はこの会を楽しみにした。著者の一人だった増尾さんが、元気に発言していたことも忘れることができない。少年時代から本の虫だったという増尾さんは、どんな時代どんな分野の本でも何でもござれ、とめどなく溢《あふ》れ出る該博な知識と深い読みで、活力溢れる議論を展開し、私たちは時間を忘れて語りあった。増尾さんは二〇一四年七月にシリーズの一冊を執筆することなく急逝された。私はそれが無念でならない。

研究会が一段落して執筆がはじまった。いざ書き始めてみると、詰めなければならない論点がいくつもあることに気づき、完成までに長い時間がかかってしまった。執筆が終わるまで根気よく待ち続け、励ましてくれた、編集部の落合勝人さん、伊藤直樹さんに心より感謝申し上げる次第である。

二〇一六年十月

吉田一彦

## 参考文献

### 一、一次史料（原典）


黒板勝美・国史大系編修会編『日本書紀』前篇・後篇、新訂増補国史大系、吉川弘文館、一九五一年
坂本太郎・家永三郎・井上光貞・大野晋校注『日本書紀』上下、日本古典文学大系、岩波書店、一九六五、一九六七年
直木孝次郎・西宮一民・岡田精司編『日本書紀・風土記』鑑賞日本古典文学、角川書店、一九七七年
小島憲之・直木孝次郎・西宮一民・蔵中進・毛利正守校注・訳『日本書紀』一〜三、新編日本古典文学全集、小学館、一九九四、一九九六、一九九八年
倉野憲司校注『古事記』〈岩波文庫〉岩波書店、一九六三年
西宮一民校注『古事記』新潮日本古典集成、新潮社、一九七九年
山口佳紀・神野志隆光校注・訳『古事記』新編日本古典文学全集、小学館、一九九七年
沖森卓也・佐藤信・矢嶋泉『藤氏家伝　注釈と研究』吉川弘文館、一九九九年
青木和夫・稲岡耕二・笹山晴生・白藤禮幸校注『続日本紀』一〜五、新日本古典文学大系、岩波書店、一九八九〜九八年
西宮一民校注『古語拾遺』〈岩波文庫〉岩波書店、一九八五年
上代文献を読む会編『高橋氏文注釈』翰林書房、二〇〇六年

沖森卓也・佐藤信・矢嶋泉編著『古代氏文集』山川出版社、二〇一二年
黒板伸夫・森田悌編『日本後紀』訳注日本史料、集英社、二〇〇三年
黒板勝美・国史大系編修会編『日本書紀私記・釈日本紀・日本逸史』新訂増補国史大系、吉川弘文館、一九三二年
鎌田純一校注『先代旧事本紀』神道大系　古典編、神道大系編纂会、一九八〇年
仏書刊行会編『聖徳太子伝叢書』大日本仏教全書、覆刻版、名著普及会、一九七九年
沖森卓也・佐藤信・矢嶋泉『上宮聖徳法王帝説　注釈と研究』吉川弘文館、二〇〇五年
東野治之校注『上宮聖徳法王帝説』〈岩波文庫〉岩波書店、二〇一三年
山岸徳平・竹内理三・家永三郎・大曾根章介『古代政治社会思想』日本思想大系、岩波書店、一九七九年
小泉道校注『日本霊異記』新潮日本古典集成、新潮社、一九八四年
中田祝夫校注・訳『日本霊異記』新編日本古典文学全集、小学館、一九九五年
出雲路修校注『日本霊異記』新日本古典文学大系、岩波書店、一九九六年
多田一臣校注『日本霊異記』上中下〈ちくま学芸文庫〉筑摩書房、一九九七〜八年
伊野弘子訳注『冥報記全釋』汲古書院、二〇一二年
山口敦史・今井秀和・迫田（呉）幸栄「校訂　金剛般若経集験記（一）（二）（三）（四）」（『大東文化大学紀要』〈人文科学編〉五一、五二、五三、五四、二〇一三〜六年）

## 二、二次文献（著書・論文）

青木周平「高天原の形成――天原から高天原へ」(『国文学 解釈と鑑賞』七一―五、至文堂、二〇〇六年)
浅岡悦子「『古語拾遺』における猿女氏の職掌と古代祭祀の場における猿女氏の実態」(『人間文化研究』二二、二〇一四年)
飯田瑞穂『聖徳太子伝の研究』飯田瑞穂著作集1、吉川弘文館、二〇〇〇年
同『古代史籍の研究　下』飯田瑞穂著作集4、吉川弘文館、二〇〇一年
家永三郎『上代仏教思想史研究 新訂版』法藏館、一九六六年
池田温「中国の歴史書と六国史」(『歴史と地理』三五八、山川出版社、一九八五年)
池田昌弘「『日本書紀』書名論序説」(『佛教大学大学院紀要』三五、二〇〇七年)
同「『日本書紀』の潤色に利用された類書」(『日本歴史』七二三、吉川弘文館、二〇〇八年)
同「『日本書紀』と唐の文章」(稲岡耕二監修、神野志隆光・芳賀紀雄編『萬葉集研究』三五、塙書房、二〇一四年)
磯前順一「記紀解釈史の展開」(『記紀神話と考古学』〈角川叢書〉角川学芸出版、二〇〇九年)
市大樹『飛鳥の木簡』〈中公新書〉中央公論新社、二〇一二年
井上薫『日本古代の政治と宗教』吉川弘文館、一九六一年
内田銀蔵『國史總論』(内田銀蔵遺稿全集3『國史総論及日本近世史』同文館、一九二一年)
梅沢伊勢三『記紀批判』創元社、一九六二年
同『続記紀批判』創文社、一九七六年
同『古事記と日本書紀の検証』吉川弘文館、一九八八年a

同『古事記と日本書紀の成立』吉川弘文館、一九八八年b
大隅和雄『愚管抄を読む』〈平凡社選書〉平凡社、一九八六年、のち〈講談社学術文庫〉講談社、一九九九年
同『日本史のエクリチュール』弘文堂、一九八七年
同「史実と架空のあいだ」（『日本の文化をよみなおす』吉川弘文館、一九九八年）
太田晶二郎『太田晶二郎著作集』三、吉川弘文館、一九九二年
大山誠一『長屋王家木簡と金石文』吉川弘文館、一九九八年
同『〈聖徳太子〉の誕生』吉川弘文館、一九九九年
同編『聖徳太子の真実』平凡社、二〇〇三年、のち〈平凡社ライブラリー〉、二〇一四年
同『天孫降臨の夢』〈NHKブックス〉日本放送出版協会、二〇〇九年
大和岩雄『新版 古事記成立考』大和書房、二〇〇九年
海後宗臣『歴史教育の歴史』〈UP選書〉東京大学出版会、一九六九年
加藤謙吉『大和政権とフミヒト制』吉川弘文館、二〇〇二年
鎌田純一『先代舊事本紀の研究 研究の部』吉川弘文館、一九六二年
同「解題——先代旧事本紀」（神道大系 古典編『先代旧事本紀』神道大系編纂会、一九八〇年）
鎌田元一「暦と時間」（『律令国家史の研究』塙書房、二〇〇八年）
岸俊男『日本古代籍帳の研究』塙書房、一九七三年
北川和秀「『日本書紀私記』丁本について」（『群馬県立女子大学国文学研究』二〇、二〇〇〇年）

神野志隆光『古代天皇神話論』若草書房、一九九九年
同『複数の「古代」』〈講談社現代新書〉講談社、二〇〇七年
同『変奏される日本書紀』東京大学出版会、二〇〇九年
小島憲之『上代日本文學と中國文學』上中下、塙書房、一九六二～五年
小林敏男『日本古代国家形成史考』校倉書房、二〇〇六年
小峯和明・篠川賢編『日本霊異記を読む』吉川弘文館、二〇〇四年
斎藤英喜『古事記はいかに読まれてきたか』吉川弘文館、二〇一二年
佐伯有清『新撰姓氏録の研究』全十巻、吉川弘文館、一九六二～二〇〇一年
同「『家牒』についての一考察」(『新撰姓氏録の研究　索引・論考篇』吉川弘文館、一九八四年)
坂本太郎『大化改新の研究』至文堂、一九三八年
同『日本の修史と史学』〈日本歴史新書〉至文堂、一九五八年
同『日本全史第２　古代１』東京大学出版会、一九六〇年
同『六国史』吉川弘文館、一九七〇年
同『古代史の道』読売新聞社、一九八〇年
同『史書を読む』中央公論社、一九八一年
同「仮名日本紀」(『国史大辞典三（か）』吉川弘文館、一九八三年)
同『日本歴史の特性』〈講談社学術文庫〉講談社、一九八六年
笹山晴生「続日本紀と古代の史書」(前掲『続日本紀』一、新日本古典文学大系、岩波書店、一九八九年)

佐藤弘夫『偽書の精神史』〈講談社選書メチエ〉講談社、二〇〇二年
佐藤信「『家伝』と藤原仲麻呂」（前掲『藤氏家伝　注釈と研究』吉川弘文館、一九九九年）
篠川賢・増尾伸一郎編『藤氏家伝を読む』吉川弘文館、二〇一〇年
島善高『律令制から立憲制へ』成文堂、二〇〇九年
新川登亀男・早川万年編『史料としての『日本書紀』』勉誠出版、二〇一一年
瀬間正之『記紀の表記と文字表現』おうふう、二〇一五年
武田幸男「高句麗『太王』の国際性」（『高句麗史と東アジア』岩波書店、一九八九年）
多田一臣『古代国家の文学』〈三弥井選書〉三弥井書店、一九八八年
築島裕『平安時代の漢文訓読語につきての研究』東京大学出版会、一九六三年
筑紫申真『アマテラスの誕生』角川書店、一九六二年、のち〈講談社学術文庫〉講談社、二〇〇二年
津田左右吉「天皇考」一九二〇年（『津田左右吉全集』三、岩波書店、一九六三年）
同『日本上代史の研究』岩波書店、一九四七年
同『日本古典の研究』上下、岩波書店、一九四八年、一九五〇年
津田博幸『生成する古代文学』森話社、二〇一四年
東野治之「天皇号の成立年代について」（『正倉院文書と木簡の研究』塙書房、一九七七年）
同「日出処・日本・ワークワーク」（『遣唐使と正倉院』岩波書店、一九九二年）
同『日本古代金石文の研究』岩波書店、二〇〇四年
中沢見明『古事記論』雄山閣、一九二九年

西崎亨「高橋氏文の国語 所用仮名と文章」（前掲『高橋氏文注釈』翰林書房、二〇〇六年）
西宮一民『日本上代の文章と表記』風間書房、一九七〇年
同「『古語拾遺』本文考」（『文学』五三―五、岩波書店、一九八五年）
西宮秀紀『律令国家と神祇祭祀制度の研究』塙書房、二〇〇四年
早川万年「高橋氏文成立の背景」（『日本歴史』五三二、吉川弘文館、一九九二年）
藤井貞和『物語文学成立史』東京大学出版会、一九八七年
前田勉『近世神道と国学』ぺりかん社、二〇〇二年
増尾伸一郎『日本古代の典籍と宗教文化』吉川弘文館、二〇一五年
松本弘毅「先代旧事本紀の人代巻」（『国文学研究』一五二、二〇〇七年）
黛弘道『律令国家成立史の研究』吉川弘文館、一九八二年
丸山眞男「歴史意識の「古層」」（『忠誠と反逆』筑摩書房、一九九二年）
三上喜孝「『先代旧事本紀』はどのように読まれてきたか」（安本美典編『奇書『先代旧事本紀』の謎をさぐる』批評社、二〇〇七年）
御巫清直『先代舊事本紀析疑』（一八八三年、前掲神道大系『先代旧事本紀』再録）
森博達『日本書紀の謎を解く』〈中公新書〉中央公論新社、一九九九年
同『日本書紀 成立の真実』中央公論新社、二〇一一年
同「皇祖天照大神はいつ誕生したか――『日本書紀』区分論から史実を探る」（『京都産業大学日本文化研究所紀要』一九、二〇一四年）

森田悌「『続日本紀』の編纂過程」（『日本歴史』四三〇、吉川弘文館、一九八四年）
安本美典『古代物部氏と『先代旧事本紀』の謎』勉誠出版、二〇〇三年
同編『奇書『先代旧事本紀』の謎をさぐる』批評社、二〇〇七年
山口敦史「『日本霊異記』と『金剛般若経集験記』――経典の持つ「力」をめぐって」（『國學院雑誌』一一六―一一、二〇一五年）
山田英雄『日本書紀』〈教育社歴史新書〉教育社、一九七九年
同『万葉集覚書』岩波書店、一九九九年
横田健一『白鳳天平の世界』創元社、一九七三年
吉田一彦『民衆の古代史』風媒社、二〇〇六年a
同『古代仏教をよみなおす』吉川弘文館、二〇〇六年b
同編『変貌する聖徳太子』平凡社、二〇一一年
同『仏教伝来の研究』吉川弘文館、二〇一二年
吉田孝『日本の誕生』〈岩波新書〉岩波書店、一九九七年
渡辺茂「古代君主の称号に関する二、三の試論」（『史流』八、北海道教育大学史学会、一九六七年）

吉田一彦（よしだ　かずひこ）

一九五五年東京都生まれ。日本史・仏教史学者。名古屋市立大学大学院人間文化研究科教授、博士（文学、大阪大学）。一九八六年上智大学大学院文学研究科博士後期課程満期退学。『古代仏教をよみなおす』『仏教伝来の研究』（吉川弘文館）、『民衆の古代史』（風媒社）ほか多数。編著に『変貌する聖徳太子』（平凡社）等がある。

# 『日本《にほん》書紀《しょき》』の呪縛《じゅばく》　シリーズ〈本《ほん》と日本史《にほんし》〉①

集英社新書〇八五九D

二〇一六年一一月二二日　第一刷発行

著者……吉田一彦《よしだかずひこ》
発行者……茨木政彦
発行所……株式会社集英社
東京都千代田区一ツ橋二-五-一〇　郵便番号一〇一-八〇五〇
電話　〇三-三二三〇-六三九一（編集部）
〇三-三二三〇-六〇八〇（読者係）
〇三-三二三〇-六三九三（販売部）書店専用

装幀……原　研哉
印刷所……凸版印刷株式会社
製本所……ナショナル製本協同組合
定価はカバーに表示してあります。


ISBN 978-4-08-720859-7 C0221

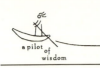